法治通识课

卓泽渊 著

中共中央党校出版社

图书在版编目（CIP）数据

法治通识课 / 卓泽渊著 . -- 北京 : 中共中央党校出版社 , 2021.5
（新时代领导干部通识读物）
ISBN 978-7-5035-7073-5

Ⅰ . ①法… Ⅱ . ①卓… Ⅲ . ①社会主义法制—法制教育—中国—干部教育—学习参考资料 Ⅳ . ① D920.4

中国版本图书馆 CIP 数据核字（2021）第 073405 号

法治通识课

责任编辑 蔡锐华　王美丽
版式设计 张　敏
责任印制 陈梦楠
责任校对 马　晶
出版发行 中共中央党校出版社
地　　址 北京市海淀区长春桥路 6 号
电　　话 （010）68922815（总编室）　（010）68922233（发行部）
传　　真 （010）68922814
经　　销 全国新华书店
印　　刷 北京文昌阁彩色印刷有限责任公司
开　　本 710 毫米 ×1000 毫米　1/16
字　　数 196 千字
印　　张 17
版　　次 2021 年 5 月第 1 版　2021 年 5 月第 1 次印刷
定　　价 58.00 元

网　　址：www.dxcbs.net　**邮　　箱**：zydxcbs2018@163.com
微 信 ID：中共中央党校出版社　**新浪微博**：@党校出版社

总 序

领导干部要有通识通学通才

得知中共中央党校出版社准备出版一套领导干部通识教育读物，深受鼓舞。这一套系列丛书，涵盖文学、历史、哲学、经济、政治、军事、管理、科学、艺术等各个主要学科领域。它们将能丰富我们的知识，拓宽我们的眼界，推动我们的思维认知、选择决策，延伸发展我们的执政能力、教化能力、全面深化改革能力，优化领导干部素质，提高领导干部的境界和威信。

为了完成党领导全国各族人民，统揽伟大斗争、伟大工程、伟大事业、伟大梦想，推动中国特色社会主义伟大事业的历史使命，我们的领导干部，不但必须掌握既有的专门学科知识与技能，更要具备统揽大局、统筹全局的通识通学通才。

新中国成立前夕，在毛泽东提议下，党中央重新编审了一套12本干部要学习的马列主义著作，毛泽东专门把这套书定名为“干部必读”。这12本“干部必读”，也是一套马列主义著作的通识课，许多老同志至今对此记忆犹新，感奋不已。改革开放初期，邓小平提出了实现干部队伍革命化、年轻化、知识化、专业化的战略方针。其中的知识化，既包括了专业教育，也包括了通识教育、通才教育。习近平总书记十分重视对领导干部的本领和能力的培养教育，他提出“领导干部要爱读书读好书善读书”，领导干部要增强“八大本领”，年轻干部要提升“七种能力”。习近平总书记强调，经济、政治、历史、文化、社会、科技、军事、外交等方面的知识，领导干部要结合工作需要来学习，不断提高自己的知识化、专业化水平。要坚持干什么学什么、缺什么补什么，有针对性地学习掌握做好领导工作、履行岗位职责所必备的各种知识，努力使自己真正成为行家里手、内行领导。这样才能成为一个复合型领导干部，也就是一个通才。

作为复合型领导干部，还要善于汲取世界先进文明成果。文明因多样而交流，因交流而互鉴，因互鉴而发展。马克思主义和社会主义思想传入中国，再到改革开放以来全方位对外开放，中华文明始终在兼收并蓄中历久弥新。我们只有张开双臂拥抱世界，才能不断扩大对外开放，社会主义市场经济才能取得高质量发展。

孔子提出了“君子不器”的观点，就是说，君子的使命感责任感在于修齐治平，大任在于家国天下，不能仅仅满足于技能性操作，更要把握天命天道，以及多方面的追求规范，用今天的话来说，就是要把握历史的发展规律，要树立正确的“三观”与科学的价值体系，从而更好、更全面地推动中国的进步与发展。

我们常说，博观约取，厚积薄发。通识教育就是一个“博观”“厚积”的过程，这个过程做扎实了，就能“约取”“薄发”。领导干部要做到通识，要融会贯通多学科、跨学科与人民历史性实践的方方面面的文明成果。这样一个成果的获得，也正是马克思提出的实现人的全面发展的理想在中国特色社会主义现代化中的体现。经过摸索探寻研讨总结，希望这套丛书的出版能有助于领导干部自我教育的努力，有利于我们的干部通识教育的发展与完善。

王蒙，著名作家、学者，曾任文化部部长，2019年9月被授予“人民艺术家”国家荣誉称号。

目 录

第一讲

全面依法治国的行动指南

2020年11月16日至17日，中央全面依法治国工作会议在京召开。习近平总书记发表重要讲话。会议正式提出并确立了作为习近平新时代中国特色社会主义思想重要组成部分的习近平法治思想。习近平法治思想内涵丰富、论述深刻、逻辑严密、系统完备，从历史和现实相贯通、国际和国内相关联、理论和实际相结合上深刻回答了新时代为什么实行全面依法治国、怎样实行全面依法治国等一系列重大问题。其主要方面就是习近平总书记在这次会议重要讲话中精辟概括的“十一个坚持”：坚持党对全面依法治国的领导；坚持以人民为中心；坚持中国特色社会主义法治道路；坚持依宪治国、依宪执政；坚持在法治轨道上推进国家治理体系和治理能力现代化；坚持建设中国特色社会主义法治体系；坚持依法治国、依法执政、依法行政共同推进，法治国家、法治政府、法治社会一体建设；坚持全面推进科学立法、严格执法、公正司法、全民守法；坚持统筹推进国内法治和涉外法治；坚持建设德才兼备的高素质法治工作队伍；坚持抓住领导干部这个“关键少数”。

一、坚持党对全面依法治国的领导

党的领导是社会主义法治的根本保障，也是社会主义法治区别于资本主义法治的首要特征，它引领着社会主义法治的政治方向。习近平总书记强调："坚持党对全面依法治国的领导。党的领导是推进全面依法治国的根本保证。国际国内环境越是复杂，改革开放和社会主义现代化建设任务越是繁重，越要运用法治思维和法治手段巩固执政地位、改善执政方式、提高执政能力，保证党和国家长治久安。全面依法治国是要加强和改善党的领导，健全党领导全面依法治国的制度和工作机制，推进党的领导制度化、法治化，通过法治保障党的路线方针政策有效实施。"①

党的领导是社会主义法治最根本的保证。这里所说的最根本的保证就是政治方向的保证。习近平总书记总是高度重视党的领导，在法治领域也不例外。在他看来，"全面依法治国决不是要削弱党的领导，而是要加强和改善党的领导，不断提高党领导依法治国的能力和水平，巩固党的执政地位。必须坚持实现党领导立法、保证执法、支持司法、带头守法，健全党领导全面依法治国的制度和工作机制，通过法定程序使党的主张成为国家意志、形成法律，通过法律保障党的政策有效实施，确保全面依法治国正确方向"②。这样，党的领导和社会主义法治就得到了高度统一。在坚持中国共产党领导的政治前提下，发展形成完善的党与法的科学结构关系，建立党和法治的科学体制机制。

---

① 习近平：《论坚持全面依法治国》，中央文献出版社 2020 年版，第 2 页。
② 习近平：《加强党对全面依法治国的领导》，《求是》2019 年第 4 期。

社会主义法治必须坚持党的领导，这是习近平总书记的一贯主张。早在2012年12月4日，习近平总书记在首都各界纪念现行宪法公布施行30周年大会上的讲话中就指出："依法治国是党领导人民治理国家的基本方略，法治是治国理政的基本方式，要更加注重发挥法治在国家治理和社会管理中的重要作用，全面推进依法治国，加快建设社会主义法治国家。"其中明确肯定了党的领导地位。2017年10月18日，在党的十九大报告中，习近平总书记更是明确提出，"必须把党的领导贯彻落实到依法治国全过程和各方面，坚定不移走中国特色社会主义法治道路，完善以宪法为核心的中国特色社会主义法律体系，建设中国特色社会主义法治体系，建设社会主义法治国家"。这一论述从时间的"全过程"和空间的"各方面"提出了要求。党要坚持对依法治国工作的全面领导，依法治国也必须在党的领导下全面推进。

在习近平总书记这一思想的指导下，我们党也在不断探索将二者有机结合起来的路径，并取得了一系列重要的成就。为了坚持和加强党对政法工作的绝对领导，做好新时代党的政法工作，2019年1月，中共中央印发了《中国共产党政法工作条例》并发出通知，要求各地区各部门认真遵照执行。该条例是党的中央委员会、党的地方委员会、党委政法委员会、政法单位党组（党委）领导和组织开展政法工作所必须遵循的党内法规。随着这一党内法规的实施，它在加强党对政法工作乃至全面依法治国工作的领导上的重要意义必将得到更好的体现，也必将发挥出更为重大的法治作用与政治作用。

二、坚持以人民为中心

人民在中国共产党人的心目中占有崇高的地位。全心全意为人民服务，是中国共产党的根本宗旨。在社会主义法治建设中，必须体现这一宗旨。始终坚持以人民为中心。习近平总书记强调："坚持以人民为中心。全面依法治国最广泛、最深厚的基础是人民，必须坚持为了人民、依靠人民。要把体现人民利益、反映人民愿望、维护人民权益、增进人民福祉落实到全面依法治国各领域全过程。推进全面依法治国，根本目的是依法保障人民权益。要积极回应人民群众新要求新期待，系统研究谋划和解决法治领域人民群众反映强烈的突出问题，不断增强人民群众获得感、幸福感、安全感，用法治保障人民安居乐业。"①

人民是社会主义法治最坚实的基础。紧紧依靠人民是我们党取得革命、建设、改革各项胜利的根本保证。没有人民，我们党就失去了根基，就会失去人民的支持，最终必然招致失败。人民是进行社会主义法治建设最坚实的基础和最强大的力量。在习近平总书记眼中，"法治建设要为了人民、依靠人民、造福人民、保护人民。必须牢牢把握社会公平正义这一法治价值追求，努力让人民群众在每一项法律制度、每一个执法决定、每一宗司法案件中都感受到公平正义。要把体现人民利益、反映人民愿望、维护人民权益、增进人民福祉落实到依法治国全过程，保证人民在党的领导下通过各种途径和形式管理国家事务，管理经济和文化事业，管理社会事务"②。他从人民群众对于

① 习近平：《论坚持全面依法治国》，中央文献出版社 2020 年版，第 2 页。
② 习近平：《加强党对全面依法治国的领导》，《求是》2019 年第 4 期。

司法案件是否公平正义的感受，到人民权益的法治保障，再到人民依法当家作主开展论述，层层递进，深刻揭示了社会主义法治建设的人民性。

坚持人民在全面依法治国中的主体地位。人民是国家和社会的主人，是依法治国的主人，是法治的主人。我们的社会主义制度是人民主体地位的重要保证，人民既是国家的主人也是依法治国的主人，具有多重意义的主体地位。“我国社会主义制度保证了人民当家作主的主体地位，也保证了人民在全面推进依法治国中的主体地位。这是我们的制度优势，也是中国特色社会主义法治区别于资本主义法治的根本所在。”①何以坚持人民的主体地位，习近平总书记有着深入的思考：“坚持人民主体地位，必须坚持法治为了人民、依靠人民、造福人民、保护人民。要保证人民在党的领导下，依照法律规定，通过各种途径和形式管理国家事务，管理经济和文化事业，管理社会事务。要把体现人民利益、反映人民愿望、维护人民权益、增进人民福祉落实到依法治国全过程，使法律及其实施充分体现人民意志。”②

三、坚持中国特色社会主义法治道路

习近平总书记强调：“坚持中国特色社会主义法治道路。中国特色社会主义法治道路本质上是中国特色社会主义道路在法治领域的具体体现。既要立足当前，运用法治思维和法治方式解决经济社会发展

① 习近平：《加快建设社会主义法治国家》，《求是》2015 年第 1 期。
② 习近平：《加快建设社会主义法治国家》，《求是》2015 年第 1 期。

面临的深层次问题；又要着眼长远，筑法治之基、行法治之力、积法治之势，促进各方面制度更加成熟更加定型，为党和国家事业发展提供长期性的制度保障。要传承中华优秀传统法律文化，从我国革命、建设、改革的实践中探索适合自己的法治道路，同时借鉴国外法治有益成果，为全面建设社会主义现代化国家、实现中华民族伟大复兴夯实法治基础。”①

“全面推进依法治国必须走对路。要从中国国情和实际出发，走适合自己的法治道路，决不能照搬别国模式和做法”②。走对路，是对社会主义法治首要的要求。没有道路的正确选择，就不可能取得最终的胜利。作为歧路快跑者甚至会付出更大的代价，遭受更为沉重的挫折。社会主义法治道路，在整个法治建设中的意义是不言自明的，它涉及的同样是社会主义法治建设的方向问题。没有正确的道路，就必然使法治建设的结果与我们的初衷南辕北辙，使我们迷失方向。一是因为我们不能走历史的老路，那是死路一条。中国两千多年的专制统治、人治社会，本身就回不去，纵然回去了，那也是一条不归之路。二是因为我们也不能走照搬照抄西方的道路，那同样会葬送社会主义法治。西方，也就是以英美法德为代表的资本主义世界，其实他们相互之间也没有照抄，我们就更没有理由照搬照抄。简单地抄袭西方，必然招致失败。所以，历史与现实的结论就非常明晰：我们必须走立足中国国情、切合中国实际的中国特色社会主义法治道路。

中国特色社会主义法治道路具有极为崇高的地位。习近平总书记在《关于〈中共中央关于全面推进依法治国若干重大问题的决定〉

① 习近平：《论坚持全面依法治国》，中央文献出版社 2020 年版，第 2—3 页。
② 习近平：《加强党对全面依法治国的领导》，《求是》2019 年第 4 期。

的说明》中指出："中国特色社会主义法治道路，是社会主义法治建设成就和经验的集中体现，是建设社会主义法治国家的唯一正确道路。"[①]"中国特色社会主义法治道路是一个管总的东西。具体讲我国法治建设的成就……归结起来就是开辟了中国特色社会主义法治道路这一条。"并特别坚定地强调："在坚持和拓展中国特色社会主义法治道路这个根本问题上，我们要树立自信、保持定力。走中国特色社会主义法治道路是一个重大课题，有许多东西需要深入探索，但基本的东西必须长期坚持。"[②]对于这条道路，我们必须有高度的自信，这是社会主义法治建设上的道路自信。同时，这条道路是一条前无古人的道路，我们必须探索前行，敢于面对一系列新问题、新挑战、新课题，大胆探索，奋力前行。必须将高瞻远瞩的顶层设计与脚踏实地的"摸着石头过河"结合起来，走出一条适合我们自己的法治之路。

四、坚持依宪治国、依宪执政

习近平总书记强调："坚持依宪治国、依宪执政。党领导人民制定宪法法律，领导人民实施宪法法律，党自身要在宪法法律范围内活动。全国各族人民、一切国家机关和武装力量、各政党和各社会团体、各企业事业组织，都必须以宪法为根本的活动准则，都负有维护宪法尊严、保证宪法实施的职责。坚持依宪治国、依宪执政，就包括坚持宪法确定的中国共产党领导地位不动摇，坚持宪法确定的人民民

---

① 习近平：《关于〈中共中央关于全面推进依法治国若干重大问题的决定〉的说明》，《人民日报》2014 年 10 月 29 日。

② 习近平：《加快建设社会主义法治国家》，《求是》2015 年第 1 期。

主专政的国体和人民代表大会制度的政体不动摇。”①

必须高度重视宪法实施工作，实行依宪治国和依宪执政。依宪治国、依宪执政就是宪法实施的具体实践。2012年12月4日，习近平总书记在首都各界纪念现行宪法公布施行30周年大会上的讲话中将依宪治国和依宪执政概括为三个善于，“善于使党的主张通过法定程序成为国家意志，善于使党组织推荐的人选成为国家政权机关的领导人员，善于通过国家政权机关实施党对国家和社会的领导”②。习近平总书记阐释了这样的道理：要实现依宪治国和依宪执政就必须树立宪法权威，“法治权威能不能树立起来，首先要看宪法有没有权威”③。树立宪法权威的关键是宪法的实施，“宪法的生命在于实施，宪法的权威也在于实施”④。确保宪法的实施必须依靠制度和原则的落实，开展合宪性审查工作。要“通过完备的法律推动宪法实施，保证宪法确立的制度和原则得到落实”⑤。在党的十九大报告中他进一步指出：“加强宪法实施和监督，推进合宪性审查工作，维护宪法权威。”合宪性审查是习近平总书记倡导开创的中国特色宪法实施监督制度。我们知道，西方国家将宪法实施监督制度称为违宪审查制度。具体地说，美国是由司法机关进行违宪审查，于是也被称为司法审查制度。法国则是由其独立于国会、独立于法院的宪法委员会进行违宪审查，德国为此还专门设立了宪法法院。我国在习近平总书记领导下，创造性地设立了合宪性审查制度，并在全国人民代表大会设立了宪法和法律委员会负

① 习近平：《论坚持全面依法治国》，中央文献出版社2020年版，第3页。
② 习近平：《论坚持全面依法治国》，中央文献出版社2020年版，第15页。
③ 习近平：《关于〈中共中央关于全面推进依法治国若干重大问题的决定〉的说明》，《人民日报》2014年10月29日。
④ 习近平：《论坚持全面依法治国》，中央文献出版社2020年版，第11页。
⑤ 习近平：《论坚持全面依法治国》，中央文献出版社2020年版，第13页。

责这一工作，从而为我国的宪法实施提供了有效的制度保证和组织保证。

依宪治国和依宪执政都要求党自身必须在宪法和法律的范围内活动。党的组织和每个党员都必须在宪法和法律的范围内活动，是我们党从1982年十二大党章到现行十九大党章的基本要求，同时它也是我国1982年宪法即现行宪法一直以来的基本要求，习近平总书记2019年在《求是》杂志发表文章指出："依法治国首先要坚持依宪治国，依法执政首先要坚持依宪执政。党领导人民制定宪法法律，领导人民实施宪法法律，党自身必须在宪法法律范围内活动。任何公民、社会组织和国家机关都必须以宪法法律为行为准则，依照宪法法律行使权利或权力，履行义务或职责，都不得有超越宪法法律的特权，一切违反宪法法律的行为都必须予以追究。"①

五、坚持在法治轨道上推进国家治理体系和治理能力现代化

习近平总书记强调："坚持在法治轨道上推进国家治理体系和治理能力现代化。法治是国家治理体系和治理能力的重要依托。只有全面依法治国才能有效保障国家治理体系的系统性、规范性、协调性，才能最大限度凝聚社会共识。在统筹推进伟大斗争、伟大工程、伟大事业、伟大梦想的实践中，在全面建设社会主义现代化国家新征程上，我们要更加重视法治、厉行法治，更好发挥法治固根本、稳预

① 习近平：《加强党对全面依法治国的领导》，《求是》2019年第4期。

期、利长远的重要作用，坚持依法应对重大挑战、抵御重大风险、克服重大阻力、解决重大矛盾。”[①]

法治与国家治理体系和治理能力现代化具有密切联系。2014年7月29日，中共中央政治局召开会议，会议指出，“依法治国，是坚持和发展中国特色社会主义的本质要求和重要保障，是实现国家治理体系和治理能力现代化的必然要求”[②]。2014年10月，习近平总书记在《关于〈中共中央关于全面推进依法治国若干重大问题的决定〉的说明》中强调：“全面推进依法治国是关系我们党执政兴国、关系人民幸福安康、关系党和国家长治久安的重大战略问题，是完善和发展中国特色社会主义制度、推进国家治理体系和治理能力现代化的重要方面。”[③]依法治国，是国家治理体系和治理能力现代化的重要表现、主要标志、推动力量。没有依法治国，就不可能有国家治理的现代化。

法治是现代国家治理在政治制度方面的重要评价标准。如何衡量一个国家的政治制度是不是现代化的，有诸多标准。对此，习近平总书记有着深刻认知。2019年在党的十九届四中全会上，习近平总书记强调：“评价一个国家政治制度是不是民主的、有效的，主要看国家领导层能否依法有序更替，全体人民能否依法管理国家事务和社会事务、管理经济和文化事业，人民群众能否畅通表达利益要求，社会各方面能否有效参与国家政治生活，国家决策能否实现科学化、民主化，各方面人才能否通过公平竞争进入国家领导和管理体系，执政党能否

① 习近平：《论坚持全面依法治国》，中央文献出版社2020年版，第3—4页。
② 《中共中央关于全面推进依法治国若干重大问题的决定》，《人民日报》2014年10月29日。
③ 习近平：《关于〈中共中央关于全面推进依法治国若干重大问题的决定〉的说明》，《人民日报》2014年10月29日。

依照宪法法律规定实现对国家事务的领导，权力运用能否得到有效制约和监督。”①国家领导层能否依法更替，全体人民能否依法当家作主，等等，这每一个方面都与法治密不可分，都必须借助法治来加以推动并提供保障，因而法治就成为其中极为重要的元素，也是极为重要的评价指标。

六、坚持建设中国特色社会主义法治体系

习近平总书记强调：“坚持建设中国特色社会主义法治体系。中国特色社会主义法治体系是推进全面依法治国的总抓手。要加快形成完备的法律规范体系、高效的法治实施体系、严密的法治监督体系、有力的法治保障体系，形成完善的党内法规体系。”②这就是“4+1”的中国特色社会主义法治体系结构，它将国法和党内法规有机地加以组合，创造性地提出了中国独特的法治建设的任务和目标。

中国特色社会主义法治体系对于全面依法治国具有重要意义，它进一步充实和完善了全面依法治国的总目标。在1997年党的十五大上，我们党提出了依法治国，建设社会主义法治国家的治国基本方略。2014年，在党的十八届四中全会上，习近平总书记在相关讲话中第一次提出了建设中国特色社会主义法治体系的目标，也是我们党在此次全会作出的《中共中央关于全面推进依法治国若干重大问题的决定》中所确认的。它与此前的建设社会主义法治国家相结合，就成为

---

① 习近平：《坚持和完善中国特色社会主义制度 推进国家治理体系和治理能力现代化》，《求是》2020年第1期。
② 习近平：《论坚持全面依法治国》，中央文献出版社2020年版，第4页。

全面依法治国的总目标：建设中国特色社会主义法治体系，建设社会主义法治国家。对于这一总目标的意义，习近平总书记在《关于〈中共中央关于全面推进依法治国若干重大问题的决定〉的说明》中有过这样的评价："提出这个总目标，既明确了全面推进依法治国的性质和方向，又突出了全面推进依法治国的工作重点和总抓手。"这个总目标体现着全面依法治国的性质和方向，也突出了全面依法治国的工作重点和总抓手，其中中国特色社会主义法治体系的独特意义也就不言而自明。

中国特色社会主义法治体系建设是法治建设的重大工程。建设中国特色社会主义法治体系是全面依法治国的主体工程、骨干工程，必须予以高度重视。习近平总书记在《求是》2019年第4期上发表的《加强党对全面依法治国的领导》一文中指出："中国特色社会主义法治体系是中国特色社会主义制度的法律表现形式。必须抓住建设中国特色社会主义法治体系这个总抓手，努力形成完备的法律规范体系、高效的法治实施体系、严密的法治监督体系、有力的法治保障体系，形成完善的党内法规体系，不断开创全面依法治国新局面。"

七、坚持共同推进与一体建设

习近平总书记强调："坚持依法治国、依法执政、依法行政共同推进，法治国家、法治政府、法治社会一体建设。全面依法治国是一个系统工程，要整体谋划，更加注重系统性、整体性、协同性。法治政府建设是重点任务和主体工程，要率先突破，用法治给行政权力定规矩、划界限，规范行政决策程序，加快转变政府职能。要推进严格规范公正文明执法，提高司法公信力。普法工作要在针对性和实效性上下功夫，特别是要加强青少年法治教育，不断提升全体公民法治意识和法治素养。要完善预防性法律制度，坚持和发展新时代‘枫桥经验’，促进社会和谐稳定。”①

习近平总书记指出：“全面依法治国是一个系统工程，必须统筹兼顾、把握重点、整体谋划，更加注重系统性、整体性、协同性。依法治国、依法执政、依法行政是一个有机整体，关键在于党要坚持依法执政、各级政府要坚持依法行政。法治国家、法治政府、法治社会三者各有侧重、相辅相成，法治国家是法治建设的目标，法治政府是建设法治国家的主体，法治社会是构筑法治国家的基础。要善于运用制度和法律治理国家，提高党科学执政、民主执政、依法执政水平”②。如果说“共同推进”强调的是主体一致性的话，那么“一体建设”强调的就是内容相关性。依法治国、依法执政、依法行政强调的是人民、执政党、政府分别作为治国、执政、行政的主体，必须心往一处想，劲往一处使，共同推动法治的进步和发展。法治国家、法治政府、法治社会三个目标是紧密联系、相互关联的统一体，都统一于法治国家——法治中国，其中的法治政府是指国家各项公权力的法治化，法治社会则是指各种社会组织和公民个人的法治化。二者协调统一于法治国家，统一于中国特色社会主义法治建设。

“共同推进”和“一体建设”总是紧密联系在一起的。习近平总书记总是将其一并提及，一并论述，一并强调。2013年2月他在十八届

① 习近平：《论坚持全面依法治国》，中央文献出版社2020年版，第4页。
② 习近平：《加强党对全面依法治国的领导》，《求是》2019年第4期。

中共中央政治局第四次集体学习时的讲话中就要求："坚持依法治国、依法执政、依法行政共同推进，坚持法治国家、法治政府、法治社会一体建设，不断开创依法治国新局面。"[①]到了党的十八届四中全会，他提出："坚持依法治国、依法执政、依法行政共同推进，坚持法治国家、法治政府、法治社会一体建设，实现科学立法、严格执法、公正司法、全民守法，促进国家治理体系和治理能力现代化。"[②]将它们与国家治理联系起来加以通盘考虑。2017年党的十九大报告对未来进行规划时，是这样描绘未来的法治发展的，"从二〇二〇年到二〇三五年，在全面建成小康社会的基础上，再奋斗十五年，基本实现社会主义现代化。到那时……法治国家、法治政府、法治社会基本建成"[③]。

八、坚持全面推进科学立法、严格执法、公正司法、全民守法

习近平总书记强调："坚持全面推进科学立法、严格执法、公正司法、全民守法。要继续推进法治领域改革，解决好立法、执法、司法、守法等领域的突出矛盾和问题。公平正义是司法的灵魂和生命。要深化司法责任制综合配套改革，加强司法制约监督，健全社会公平正义法治保障制度，努力让人民群众在每一个司法案件中感受到公平正义。

① 《习近平在中共中央政治局第四次集体学习时强调　依法治国依法执政依法行政共同推进 法治国家法治政府法治社会一体建设》，《人民日报》2013 年 2 月 25 日。
② 习近平：《关于〈中共中央关于全面推进依法治国若干重大问题的决定〉的说明》，《人民日报》2014 年 10 月 29 日。
③ 习近平：《决胜全面建成小康社会　夺取新时代中国特色社会主义伟大胜利——在中国共产党第十九次全国代表大会上的报告》，《人民日报》2017 年 10 月 28 日。

要加快构建规范高效的制约监督体系。要推动扫黑除恶常态化，坚决打击黑恶势力及其‘保护伞’，让城乡更安宁、群众更安乐。”①

科学立法、严格执法、公正司法、全民守法，作为法治建设的指导方针，是1978年党的十一届三中全会提出的有法可依、有法必依、执法必严、违法必究方针的升级版。从改革开放中国社会主义法治开始恢复重建以来，有法可依、有法必依、执法必严、违法必究指导了我们40多年的法治建设，在中国社会主义法治建设中发挥了极为重要的作用。党的十八大进行了与时俱进的升级，提升为科学立法、严格执法、公正司法、全民守法的新方针。这一新方针为中国新时代的社会主义法治建设确立了新的具体目标。习近平总书记对此高度重视，一再强调必须全面推进这四个方面的进程，必须统筹推进这四个方面。他发表在《求是》杂志2019年第4期上的《加强党对全面依法治国的领导》一文指出，必须解决好立法、执法、司法、守法等领域的突出矛盾和问题，必须坚定不移推进法治领域改革，紧紧抓住全面依法治国的关键环节。在立法上，要完善立法体制，提高立法质量。在执法上，要推进严格执法，理顺执法体制，完善行政执法程序，全面落实行政执法责任制。在司法上，要支持司法机关依法独立行使职权，健全司法权力分工负责、相互配合、相互制约的制度安排。在守法上，要加大全民普法力度，培育全社会办事依法、遇事找法、解决问题用法、化解矛盾靠法的法治环境。习近平总书记在《求是》杂志2015年第1期上发表的《加快建设社会主义法治国家》一文对此就有过精彩的论述。这些论述在今天读来依然具有重要的意义。

① 习近平：《论坚持全面依法治国》，中央文献出版社2020年版，第4—5页。

统筹推进和全面推进科学立法、严格执法、公正司法、全面守法四个方面。立法、执法、司法、守法这四个方面是一个整体，既要分别着力，又要统筹协调，这是全面依法治国的要求。在新时代要全面评估、检省，发现哪一个环节薄弱，是短板，就要特别予以重视，进而强弱项、补短板。这一指导新时代中国特色社会主义法治建设的新方针，突出了各个环节的特殊要求，即立法的科学性、执法的严格性、司法的公正性、守法的全民性。将四个方面协调联动，使之既分别得以推进，又整体得以协同，成为一个整体。通过从不同角度的努力，形成合力和整体，助推整个社会主义法治包括立法、执法、司法、守法等各个环节在内的全面发展。

九、坚持统筹推进国内法治和涉外法治

“坚持统筹推进国内法治和涉外法治。要加快涉外法治工作战略布局，协调推进国内治理和国际治理，更好维护国家主权、安全、发展利益。要强化法治思维，运用法治方式，有效应对挑战、防范风险，综合利用立法、执法、司法等手段开展斗争，坚决维护国家主权、尊严和核心利益。要推动全球治理变革，推动构建人类命运共同体。”① 习近平总书记的这些论述为中国统筹国内法治与涉外法治乃至参与和促进国际法治发展指明了方向。

加强涉外法治和国际法治建设是全面依法治国的重点任务。习近平总书记特别关注这一重大的法治焦点。2014年6月28日，习近平

① 习近平：《论坚持全面依法治国》，中央文献出版社 2020 年版，第 5 页。

总书记在和平共处五项原则发表60周年纪念大会上的讲话中提出："我们应该共同推动国际关系法治化。推动各方在国际关系中遵守国际法和公认的国际关系基本原则，用统一适用的规则来明是非、促和平、谋发展。'法者，天下之准绳也。'在国际社会中，法律应该是共同的准绳，没有只适用他人、不适用自己的法律，也没有只适用自己、不适用他人的法律。适用法律不能有双重标准。我们应该共同维护国际法和国际秩序的权威性和严肃性，各国都应该依法行使权利，反对歪曲国际法，反对以'法治'之名行侵害他国正当权益、破坏和平稳定之实。"习近平总书记对国际法治的高度重视，为中国特色社会主义法治建设扩展了视野。在经济全球化发展的今天，没有一个国家可以独善其身。中国作为一个地理、经济、政治多重意义上的大国，经过几十年的对外开放，已经深度融入国际社会之中。习近平总书记提出了"一带一路"倡议乃至构建人类命运共同体这样的伟大构想，与世界各国具有千丝万缕的联系。中国这样的大国，不但不能对涉外法治和国际法治置若罔闻或者视而不见，而且必须高度重视，必须直面各种问题，并寻求法治之上的解决之道。

加强涉外法治建设和参与国际法治建设是中国担负的国际责任。20世纪80年代以来，中国不断扩大对外开放。在中国"十四五"规划和2035年远景目标中，我们更是设定了高水平对外开放的目标。在推动国内法治建设的同时，必须统筹涉外法治，进而推动国际法治的发展。习近平总书记对于中国的大国责任、国际责任，包括在涉外法治和国际法治上的责任十分清晰。"中国走向世界，以负责任大国参与国际事务，必须善于运用法治。在对外斗争中，我们要拿起法律武器，占领法治制高点，敢于向破坏者、搅局者说不。全球治理体系正处于调整变革的关键时期，我们要积极参与国际规则制定，做全球治理变革进程的参与者、推动者、引领者。”①在经济全球化浪潮中，中国理当成为国际法治秩序的维护者。西方某些大国大搞单边主义、霸权主义，肆意践踏国际法，这是逆全球化的潮流，更是对国际法治的破坏。对此，我们必须坚决反对。中国在国际法治建设中必须成为积极的参与者、推动者、建设者，通过涉外法治，推动国际法治的发展。

十、坚持建设德才兼备的高素质法治工作队伍

习近平总书记强调：“坚持建设德才兼备的高素质法治工作队伍。要加强理想信念教育，深入开展社会主义核心价值观和社会主义法治理念教育，推进法治专门队伍革命化、正规化、专业化、职业化，确保做到忠于党、忠于国家、忠于人民、忠于法律。要教育引导法律服务工作者坚持正确政治方向，依法依规诚信执业，认真履行社会责任。”②

社会主义法治建设需要一支高素质法治队伍。人才从来都具有基础和决定性的意义。任何伟大的事业都必须从人才建设起步。打造一支坚强的队伍，是取得事业成功的首要法宝。任何时候的国家和社会治理，任何时候的法治建设，都必须把人才建设放在首要位置。人才是决定性因素，社会主义法治建设必须依赖人才队伍的锻造。“全

① 习近平：《加强党对全面依法治国的领导》，《求是》2019 年第 4 期。
② 习近平：《论坚持全面依法治国》，中央文献出版社 2020 年版，第 5 页。

面推进依法治国，建设一支德才兼备的高素质法治队伍至关重要。”①习近平总书记多次强调全面推进依法治国，必须着力建设一支忠于党、忠于国家、忠于人民、忠于法律的社会主义法治工作队伍。对于这支队伍，要加强理想信念教育，深入开展社会主义核心价值观和社会主义法治理念教育，推进法治专门队伍正规化、专业化、职业化，提高职业素养和专业水平。要坚持立德树人，德法兼修，创新法治人才培养机制，努力培养造就一大批高素质法治人才及后备力量。

法治人才队伍建设是一项长期而艰巨的任务。习近平总书记在2019年中央政法工作会议上指出，一是要旗帜鲜明把政治建设放在首位，努力打造一支党中央放心、人民群众满意的高素质政法队伍。要抓好科学理论武装，教育引导广大干警学深悟透新时代中国特色社会主义思想，政法机关要敢于刀刃向内、刮骨疗毒，坚决清除害群之马。二是要把专业化建设摆到更加重要的位置来抓。专业化建设要突出实战、实用、实效导向，全面提升政法干警的法律政策运用能力、防控风险能力、群众工作能力、科技应用能力、舆论引导能力。政法队伍是和平年代奉献最多、牺牲最大的队伍。对这支特殊的队伍，要给予特殊的关爱，做到政治上激励、工作上鼓劲、待遇上保障、人文上关怀，千方百计帮助解决各种实际困难，让干警安身、安心、安业。三是要加强政法领导班子和干部队伍建设，加强政法机关基层党组织建设。各级党组织和领导干部要支持政法单位开展工作，支持司法机关依法独立公正行使职权。各级党委政法委要把工作着力点放在把握政治方向、协调各方职能、统筹政法工作、建设政法队伍、督促

① 习近平：《加快建设社会主义法治国家》，《求是》2015年第1期。

依法履职、创造公正司法环境上，健全完善政治督察、综治督导、执法监督、纪律作风督查巡查等制度机制。

十一、坚持抓住领导干部这个“关键少数”

习近平总书记强调：“坚持抓住领导干部这个‘关键少数’。各级领导干部要坚决贯彻落实党中央关于全面依法治国的重大决策部署，带头尊崇法治、敬畏法律，了解法律、掌握法律，不断提高运用法治思维和法治方式深化改革、推动发展、化解矛盾、维护稳定、应对风险的能力，做尊法学法守法用法的模范。要力戒形式主义、官僚主义，确保全面依法治国各项任务真正落到实处。”①

领导干部作为“关键少数”在全面依法治国中具有关键作用。“关键少数”指的是领导干部。领导干部就数量来说，是少数，但是就其作用来说，十分重要，具有关键作用。领导干部是“龙头”，必须把“龙头”抬起来，“龙身”“龙尾”才能动起来。为什么领导干部的作用如此重要，习近平总书记如此重视，是因为领导干部具体行使党的执政权和国家立法权、行政权、监察权、司法权，是全面依法治国的关键。②因为他们手上掌握着党和国家的权力，掌握着人民赋予的权力。就法治来说，古今中外的法学家几乎都一致认为，没有对于权力的有效约束，就没有法治的建立和维系。社会主义法治作为人类历史最先进的法治，就是以它对权力科学、规范、有效的约束作为基础

① 习近平：《论坚持全面依法治国》，中央文献出版社 2020 年版，第 5—6 页。
② 参见习近平：《加强党对全面依法治国的领导》，《求是》2019 年第 4 期。

的。正视“关键少数”在法治建设中的关键作用，是习近平总书记极有见地的深刻认识。

领导干部必须提高运用法治思维和法治方式的能力。法治是一个原则，更应该成为领导干部的行动和实践。这其中必需的环节就是将法治认知转化成思维方式和行为方式，贯彻到行动上，体现在实践中。2015年2月，习近平总书记在省部级主要领导干部学习贯彻十八届四中全会精神全面推进依法治国专题研讨班开班式上的讲话中，语重心长地告诫领导干部们：“领导干部要把对法治的尊崇、对法律的敬畏转化成思维方式和行为方式，做到在法治之下、而不是法治之外、更不是法治之上想问题、作决策、办事情。”[①]在这里习近平总书记提出并强调了领导干部的法治思维和法治方式的运用问题。

习近平法治思想是顺应实现中华民族伟大复兴时代要求应运而生的重大理论创新成果，是马克思主义法治理论中国化最新成果，是习近平新时代中国特色社会主义思想的重要组成部分，是全面依法治国的根本遵循和行动指南。我们要认真学习领会习近平法治思想，吃透基本精神、把握核心要义、明确工作要求，切实把习近平法治思想贯彻落实到全面依法治国全过程。这一讲所讲授的仅仅是习近平法治思想的主要方面，至于更多的内容，还需要通过其他课程、其他学习活动来进一步深入和全面把握。

---

① 习近平：《领导干部要做尊法学法守法用法的模范 带动全党全国共同全面推进依法治国》，《人民日报》2015年2月3日。

第二讲
法治的理论与原则

一、法治的基础理论

法治是一种以民主作为基础的，运用法律来进行国家和社会管理的手段、方式和结果的总称。它包括社会制度状况和社会秩序状态，是一种整体化的社会模式。对于一个非法治的国家和社会来说，实现法治本身就是一场深刻的社会革命。这场革命如果没有自己的理论基础，也就很难进行，甚至根本就不可能取得真正的成功。

（一）法治的基础理论之一：民主治国论

1.民主治国优于专制治国

民主治国比专制治国更能获得民众的支持。民主治国实为多数人治国。由于治国的意志是多数人的意志，因此，民主治国更符合多数人的意愿，它必然会赢得多数人的支持，多数人都会基于自身的认识而对治国的方针和策略表示理解和赞同。

民主治国比专制治国少犯错误。民主治国与专制治国的差别不是犯错误或者不犯错误，而是可能多犯错误或者少犯错误。“在许多事例上，群众比任何一人又可能作较好的裁断。又，物多者比较不易腐败。大泽水多则不朽，小池水少则易朽；多数群众也比少数人为不易腐败。单独一人就容易因愤懑或其它任何相似的感情而失去平衡，终致损伤了他的判断力；但全体人民总不会同时发怒，同时错断。”[①]由于民主治国坚持了多数人的决定，集中了多数人的智慧，因此，多数人犯错误的可能性就比少数人犯错误的可能性低。民主治国即能在相当大程度上避免专制治国的错误。

民主治国比专制治国更易于纠正错误。民主治国除了少犯错误之外，一旦错误发生，还比专制治国更易于纠正。因为在民主治国中，多数人比少数人更容易发现错误；保障少数人的权利，保留着由少数人演变为多数人的途径。一旦少数人成为多数人，原有多数人的决定就会为新的多数人纠正，错误就可能被及时地停止并纠正。民主治国对于错误的良性校正机制，同样是民主治国比专制治国优越的重要体现。

民主治国比专制治国更有利于保护少数人或反对者的利益。民主治国并不是民主的专制。在专制治国下，专制者对反对者总是持一种敌对和敌视的态度，甚至会对反对者进行镇压。而民主治国本身是按照多数人的意见办事的，保护少数人并不会影响多数人决定的贯彻；相反，保护持不同见解的少数人正是多数人修正自己错误的必需，是使少数人可能成为多数人的必需。真正的民主治国，不仅不会仇视少数人和反对者，而且还会保护和尊重少数人和反对者。保护少数人和反对者是民主政治发展到高度理性的产物，也是民主与专制的重要区别之所在。

① [古希腊]亚里士多德:《政治学》，吴寿彭译，商务印书馆 1965 年版，第 163—164 页。

2. 民主治国需要法治

第一，必须运用法律从国家制度意义上确认民主的地位。民主的国家制度对于民主是非常重要的，用法律确认国家制度上的民主，是最首要的。若非如此，民主就缺乏存在的法律根据，就可能被篡改或者改变。在国家制度的民主上，最首要的是用法律的形式来宣告民主的国体和政体，运用法律将民主予以具体的制度化。也就是说，不仅要依靠法律来宣告民主，而且必须将民主表现和转化为具体的国体法律制度和政体法律制度，这样民主才可能获得严格的法律保障。

第二，必须运用法律规制权力的行使，保证权力运行的民主。权力的制约是必须的，而制约权力的方式是多样的。综观权力制约权力的方式、权利制约权力的方式、责任制约权力的方式，等等，都离不开法律制约权力的方式，他们都以法律制约权力作为实现的途径。没有法律，权力也会摆脱其他权力的制约，更不会受权利的约束，责任也会变得没有外在的强制意义。要防止权力运行的无序或者混乱，就必须为权力的运行设置轨道和规则。法律的规定正是这样的轨道和规则。

第三，必须运用法律从社会层面上保证人民的民主权力与民主权利，实现社会普遍的民主。在民主治国中保证人民民主权力和民主权利的拥有与实现，是社会普遍民主的最基本、最普遍的部分。没有法律这种统一而普遍的规则，其他任何手段都无法彻底防止人民权力和权利被剥夺。法律不仅是为人民的权力与权利提供了制度根据，而且为它们得以实现提供了程序保障。一旦人民的权力或权利受到侵犯，他们可以通过申诉、控告、检举、诉讼来得以解决。在这些方面，法律的作用是其他任何手段都无法替代的。

第四，必须用法律保护少数人，设置民主的救济措施。民主不是不犯错误，只是少犯错误而已。民主随时都应当有修正机制和救济措施。民主的错误实际上是多数人的失误，要防止民主犯错误，就必须在服从多数人的同时保护少数人。如果说一时的少数人可以成为另一时的多数人，那么，这种对少数人的保护，也就是对潜在多数人的保护；如果说多数人的错误可以由原来的少数人来纠正，那么，这种对少数人的保护，实际上是对多数人可能失误的救济。服从多数人是容易的，而要保护少数人却可能是困难的。唯有法律能够使保护少数人成为制度，并将其贯彻。只有有了法律的规定，多数人才不至于酿成多数人的专断或者专横，少数人才能具有获得保护的制度根据，民主才是完善的。

第五，必须用法律来防止民主向专制的畸变。一是行使权力的个人可能背离民主。每一个权力的具体行使都是通过具体的个人来进行的。这些个人有独立思维、个人意志、个人利益，就难免会为自己的私利，滥用权力或者扩展权力，破坏民主。此外，由于行使权力的人的偏好、能力、知识的差异，有的人也可能过失地滥用权力或者扩展权力，破坏民主。民主一旦受到侵犯，民主治国就可能逐步被专制治国所取代。二是民主的不完善可能导致民主畸变为专制。民主的发展是一个渐进的过程。民主制度的完善更不是一蹴而就的事。民主和民主制度的疏漏都可能给专制留下可乘之机。三是民主自身的缺陷也有使民主畸变为专制的可能。民主是多数人决定，多数人可能有多数人的误解和多数人的失误。多数人的误解与失误也可能使民主向专制转化。为了防止权力行使者滥用权力和扩展权力，必须依靠法治来规范权力；为了民主不因其不完善而被专制所取代，必须依靠法治来预防；为了民主不因其自身的缺陷而转化为专制，必须要法治来救济。

（二）法治的基础理论之二：权力控制论

1.权力的来源与权力控制

人民是权力的终极来源。权力从何而来，是政治学和法学探讨的重要课题。盖尤斯说："一切权利都是从人民来的。皇帝的命令何以有法律的效力呢？因为皇帝的地位是人民给他的；官吏为什么有权力呢？因为官吏是人民选举出来的。"①乌尔比安认为："皇帝的旨意具有法律效力，因为人民通过*Lex regia*（《国王法》）中的一段话把他们自己的全部权力授予了他。"②资产阶级学者更是普遍承认并论证了"主权在民"的权力根据。资产阶级学者们提出了著名的"社会契约理论"，认为社会和国家是人民订立契约而成立的，所以主权必须在人民手上。社会主义基于人民当家作主的理念，其宪法也一再宣布，国家的一切权力属于人民。③随着理论的发展和认识的进步，主权在民已经没有疑问。人民是权力的最终来源。任何权力都是一定社会成员共同赋予的。原始社会的公共权力来自人民，政治国家无非是对原始社会公共权力的取代而已。政治国家的权力仍然是在人民都交出自己的一部分权力的基础上建立起来的。

人民运用法律为权力的运用设定模式，从而控制权力。权力来自人民，一旦与人民相分离，就具有了一种脱离人民的倾向和离心力。

---

① 参见陈允、应时著：《罗马法》，商务印书馆 1931 年版。转引自王人博、程燎原：《法治论》，山东人民出版社 1989 年版，第 17 页。

② 《法学汇纂》第 1 卷第 4 章第 1 节。转引自王人博、程燎原：《法治论》，山东人民出版社 1989 年版，第 17 页。

③ 我国从 1949 年的《中国人民政治协商会议共同纲领》，1954 年的《中华人民共和国宪法》，经 1975 年宪法、1978 年宪法、1982 年宪法，虽然起伏跌宕，但"中华人民共和国一切权力属于人民"的宪法原则始终未曾改变。

要确保权力忠实于作为其基础的人民，就必须有对于权力的必要控制，防止权力远离人民或背叛人民。人民是一个整体，人民的意志，只有通过法律才能得以表达。法律可以为权力的运用预设一个既定的模式，对权力及其行使进行规范，防止权力成为没有约束的权力或者失去约束的权力。

人民还可以运用法律所预设的模式来检测权力运行的状况，并适时校正权力的运行状态。法律具有模式的意义。人民可以通过法律对权力的范围、等级、效力、行使的程序、后果、责任等作出规定。法律，一方面是对权力行使者的要求，另一方面也是人民检验权力行使状况的根据和准则。人民这个权力的终极来源才可能保证其所赋予有关机关和个人的权力被真正、正当地行使。

2.权力的性质与权力控制

权力具有相对性。从应然的意义讲，权力的相对性至少包括：（1）权力必须受到人民权力的制约。（2）权力总是在一定地域范围内存在的。（3）权力总是在一定社会层面上成立的。（4）不同性质的权力总是有所分别的。（5）不同的权力拥有者拥有不同的权力。权力的相对性要求对权力予以必要的规制，使其不至于超出应有的范围而绝对化，而泛滥，而导致权力的恶性膨胀。绝对的权力必然导致专制。柏拉图曾告诫世人："绝对的权力对行使这种和服从这种权力的人，对他们自己和他们的子孙及其后裔，都是不好的；这种企图无论是以任何方式都是充满灾难的。"[1]法律无疑是确保权力相对性的第一

① 参见[古希腊]柏拉图：《第七封信札》，第334页。转引自王人博、程燎原：《法治论》，山东人民出版社1989年版，第7页。

法则。

权力具有支配性。权力的支配性体现在几乎所有的权力定义之中。在西方，关于权力的学派主要为韦伯主义和帕森斯主义。韦伯认为："权力是某种社会关系中一个行动者将处于不顾反对而贯彻自己意志的地位的概率，不管这种概率所依据的基础是什么。"①其中"不顾反对而贯彻"显然是权力支配性的结果。作为韦伯权力定义派生的布劳权力定义认为，权力是"个人或集团通过威慑力量不顾反对而把其意志强加于他人的能力"②。其中"强加于"也同样表明了权力的支配性。帕森斯的权力定义为："当根据各种义务与集体目标的关系而使这些义务合法化时，在如果遇到顽抗就理所当然会有靠消极情境制裁去强制实行（无论这种强制机构可能是什么）的地方，权力是一种保证集体组织系统中各单位履行有约束力的义务的普遍化能力。"③其中"强制实行"也同样表明了权力的支配性。在我国，普遍认为：权力首先是指政治上的强制力量，其次是指职责范围以内的指挥或支配力量。权力的支配性使权力具有了相对人不得不服从的性质，也使权力具有滥用的可能性。权力的支配性是不可缺少的，这种不可缺少的属性又使对权力的法律控制成为必须。

权力具有权威性。没有权威性就没有权力。权力权威性的来源主要是两个，一是权力运作的规则性。无规则的权力运作只会导致人们的反感、不安，而绝不可能给人们和社会带来自觉服从与安全稳定。

① 转引自［英］罗德里克·马丁：《权力社会学》，丰子义、张宁译，生活·读书·新知三联书店 1992 年版，第 81 页。
② 转引自［英］罗德里克·马丁：《权力社会学》，丰子义、张宁译，生活·读书·新知三联书店 1992 年版，第 83 页。
③ 转引自［英］罗德里克·马丁：《权力社会学》，丰子义、张宁译，生活·读书·新知三联书店 1992 年版，第 85—86 页。

二是权力运作的公开性。公开是权力的必然属性与基本要求。没有公开性，权力就没有权威性。权力的公开性是权力运行的可预测性的必要条件，但权力未必能使自己的公开性得以彻底体现。如果运用法律来规制权力，就可能保证权力的权威性。法律的权威性、公开性和可预测性对于权力的权威性具有保障与规制的双重意义。

3. 权力的行使与权力控制

权力的拥有与行使可否是不同主体，这是一个争议已久的问题。有的学者认为权力是不可分解的，有的学者则认为是可以分解的。在专制统治之下，权力没有可否分解的问题。然而，代议制的产生[①]，人类社会的文明进步已经使民主成为人类普遍的追求（不管这种追求是否成为现实，这是另一个问题）。在民主政治中，权力的不可分解只是在根本意义上的。抽象的整体权力属于人民，在这个意义上，权力不允许被分解。在具体的每一个权力的行使意义上，权力可以分解，也必须被分解。因为人民拥有的全部权力并不都是可以由全体人民共同直接行使的。因此，权力最终归属于人民，但各个具体权力则必须由人民委托其信赖的个人或者组织来行使。受托代表人民行使权力的人或者组织，何以知道人民的愿望、意志，他们行使权力的行为是不是忠诚于人民的，这些都需要法律。需要法律来记载和表明人民的愿望与意志，需要法律作为受托者行为的根据，需要法律作为检验权力行使是否正当的标准——法律是人民控制权力行使的手段。

权力行使之所以需要控制，是由权力行使的主体因素决定的。任

① 参见［美］托马斯·戴伊：《谁掌管美国》，梅士、王殿宸译，世界知识出版社 1980 年版，第 5 页。他在该书中认为，代议制政府或其他形式的现代政府体制建立以后，自然而然地分解了原来权力主体单一的格局。

何非整体的具体权力都是由一定国家机关及其工作人员具体行使的。各个权力主体都有自己的权力认知能力和水平，都有自己相对独立的利益，因此他们就不可能对权力具有完全统一的行使方式、程度和效果。权力主体的差异性决定了，要保证权力的统一性，就必须对权力的行使进行控制。

权力行使之所以需要控制，是由权力行使的过程因素决定的。权力的行使是一个过程。在这个过程中，除了时间的因素外，还会有各种因素介入并发挥作用。时间的变换中，会发生过程的变化，各种因素的作用更可能改变权力行使的状况和后果。权力的行使过程的各种变数决定了必须对权力进行必要的控制。

（三）法治的基础理论之三：法治优越论

1.法治优越论的历史发展

法治优于人治，是对人类历史的经验教训的总结。在古希腊，柏拉图早年曾主张由哲学家做国王，或者将国王培养成哲学家。经历了世事变换，他修正了自己的观点，转而认为在无“哲学王统治”的情况下，法治便是最好的。柏拉图进而认为“如果一个国家的法律处于从属地位，没有权威，我敢说，这个国家一定要覆灭；然而，我们认为一个国家的法律如果在官吏之上，而这些官吏服从法律，这个国家就会获得诸神的保佑和赐福”[1]。亚里士多德通过对150个城邦国家进行比对研究后认为，共和政体是最为理想的政体。其之所以最为理

① 《西方法律思想史资料选编》，北京大学出版社1983年版，第25页。

想，就因为它实行的是法治，而不是一人之治，因为法律是一种完全没有感情的中道的权衡。他说："凡是不凭感情因素治事的统治者总比感情用事的人们较为优良。法律恰正是全没有感情的；人类的本性（灵魂）便谁都难免有感情。"①他认为："让一个个人来统治，这就在政治中混入了兽性的因素。"②"法律是最优良的统治者"③。

近代法学家们对法治理论作出了新的贡献。洛克认为："如果法律不能被执行，那就等于没有法律；而一个没有法律的政府，我以为是一种政治上的不可思议的事情，非人类的能力所能想象，而且是与人类社会格格不入的。"④"法律一经制定，任何人也不能凭他自己的权威逃避法律的制裁；也不能以地位优越为借口，放任自己或任何下属胡作非为，而要求免受法律的制裁。公民社会中的任何人都是不能免受它的法律的制裁的。"⑤法律高于权力，法律至上是法治在近代发展的结果和重要成就。

2. 法治比人治优越

法治以民主为前提和基础，人治则无须民主。真正的法治都是以民主为核心的，人治都是以专制为核心的。法治的法都必须是民主的产物，并以民主为目的。而专制往往都是个人的独裁或者少数人的统治。人治之下即使存在某种听取意见和建议的"民主"，那也是一种不完全的民主。因为这种意见或者建议是否被尊重或者采纳并不取决

① ［古希腊］亚里士多德：《政治学》，吴寿彭译，商务印书馆 1965 年版，第 163 页。
② ［古希腊］亚里士多德：《政治学》，吴寿彭译，商务印书馆 1965 年版，第 169 页。
③ ［古希腊］亚里士多德：《政治学》，吴寿彭译，商务印书馆 1965 年版，第 171 页。
④ ［英］洛克：《政府论》（下篇），叶启芳、瞿菊农译，商务印书馆 1996 年版，第 132 页。
⑤ ［英］洛克：《政府论》（下篇），叶启芳、瞿菊农译，商务印书馆 1996 年版，第 59 页。

于民众，而是取决于统治者的主观判断。他认为你是正确的便予以采纳，他认为是错误的便可以置若罔闻。最终的决定权仍然掌握在个别或少数统治者手中，“民主”也许有助于统治者作出明智的判断与选择，也许可以为统治者赢得民心，但它不是真正的民主，不是民主，也就没有民主。

法治有利于自由，人治不利于自由。人的自由，除思想自由之外，一切行为的自由都不是无限的。在法治状态下，人们可以按照既定的良好法律作出自己的社会行为，所以只要他严格依法办事，就不可能有不自由的情形。而人治状态下，人们看不到统一的行为规则，其社会生活的行为就缺乏准则。某种有权的人认为某某构成违法犯罪，即构成；认为某某不构成违法犯罪，即不构成。是否违法犯罪的标准存乎掌权者的主观判定。这样，整个社会都不可能有什么安全感，也就不可能有什么自由。在人治状态下实际上是真正的不自由。

法治有利于平等，人治不利于平等。在法治之下，任何人都必须一律守法，不允许任何人有违法而不受追究的特权。其实，这也就是法律适用上的人人平等。而人治则以一定人的意志为根据，随一定人的主观意志的变化而变化。即使期望人人平等，也会因缺乏统一的行为规则和客观的评价标准，而无法实现。人治的模式就注定了它不可能有平等可言。即使偶有某种平等，也会在时间的变换中，因缺乏规则而不能持久。

法治有利于社会稳定，而人治不利于社会稳定。社会稳定，需要有稳定的规则作为前提。只有在统一的社会行为规则之下，人们的行为才有一个基本的准则，人们相互之间才可能减少和消除冲突，使社会处于相对稳定的状态之中。如果人们没有一致遵行的规则，我行我素，各行其是，社会就会陷入动荡之中，而人治正是相对缺乏这种规则的社会管理方式，人治不利于社会稳定。

尽管人治并非一无是处，但是它毕竟不如法治优越。人类付出了一代又一代人的沉重代价，经过了一代又一代人的苦苦思索，才得出了法治优于人治的结论。

二、法治的基本原则

（一）人民主权原则

人民主权是法治必备的政治基础。实现人民主权也就是要实现人民民主。

人民主权，在政治上就是要实现人民当家作主。人民当家作主的内容应由法律来制度化、定型化，以便实际操作和运行。人民当家作主的保障由法律来提供，法律不仅对破坏人民民主的行为进行打击，而且也要对人民民主的运行进行引导和规范，防止人民民主出现偏差。

人民主权是法治在立法上的首要要求，是法治必不可少的政治前提。历史发展已经清楚地说明，现代的法治要求立法、执法、守法、法律监督的全面法治化。所有这些都是以立法的人民民主作为首要条件的。立法为法治奠定制度基础，它内含法治状态的制度框架或理论格局。从一定意义上讲，立法是立法者对一国法治状况的制度化预想，是一幅具有国家权威性的法治蓝图。执法、守法、法律监督无非是各尽其能地将其现实化而已。体现人民主权的立法被良好地实现了，这样的国家才可能是民主国家和法治国家。人民民主的立法无法实现，法治就成为泡影；如果根本就没有人民民主的立法，法治就毫无希望与可能。

（二）人权保障原则

人权是以人的自然属性为基础、社会属性作为本质的，作为人所应当享有的权利。人权的权利范围与保护程度是一个国家进步与文明程度的标志。国家的进步过程，其实也是人权内容不断丰富、发展的过程。国家由非法治国家向法治国家的转换，也是人权内容与保护的一次飞跃。人权保障状况是区别法治与非法治的显著标志。俄罗斯法学家B.B.拉扎列夫就认为："法治国家的重要特征之一是对个人权利和自由的现实保证。人权是法治国家的精髓，也是社会整体发展的重要因素之一。"①

并非任何时候、任何人都能实实在在地享有人权。侵犯人权的事件在有史以来的任何时代都从未绝迹，保障人权几乎是所有国家都必须担负的社会责任。在所有国家中，法治国家是人权最有保障的国家，它本身就是以国家对于公民人权的充分保障作为标志的。

法治与非法治的区别，不是在法治国家中没有侵犯人权的事件发生，而仅是在于：法治国家侵犯人权的事件相对较少；侵犯人权的事件一旦发生，即能获得依法处理——侵权者必然受到应有制裁，受害者必能依法获得应有保护。也就是说，在法治国家中，人权能够获得相对较好的法律保障。

---

① [俄]拉扎列夫主编：《法与国家的一般理论》，王哲等译，法律出版社1999年版，第349页。

（三）法律至上原则

法律至上是资产阶级在其法治建设中提出的重要口号和基本原则之一，其意在强调法律在整个社会规范体系中具有至高无上的地位，其他任何社会规范都不能否定法的效力或与法相冲突。

有的人认为，法律至上就是对权力的否定。其实，从一定意义上讲，法是权力的产物，没有权力，绝无法的产生和存在可言。法学理论和法的实践都说明，没有权力就没有法的产生包括制定或认可，也没有法的存在和被贯彻实施。权力始终是法得以存在的依据。撇开这一意义就恰恰相反，任何具体权力的获得和行使都应当具有法律依据。法相对于权力应当具有至高无上的权威。即使是法的制定和法的实施，也都概莫能外；即使是革命政权最初的立法，虽然不必遵守旧时代既有的法律规定，但是也还得遵守法的规律，遵照立法的原理乃至法的原理，而不能完全随心所欲。

有的人认为，法律至上会导致对道德作用的否定，这是对法与道德关系的误解。首先，法与道德是两个相互联系而又相互独立的社会规范体系。它们在并不完全相同的领域发挥着各自的作用，肯定法的作用并不等于否定道德的作用。其次，法律至上并不等于肯定法律万能。只能由道德调整的问题，也不能因法律至上而由法取而代之。最后，任何法都以一定的道德准则作为自己的社会基础并在一定程度上引导道德的发展，法律至上不仅不会否定道德，甚至可能在一定程度上有助于道德的完善和发展，所以切不可将法律至上与道德作用对立起来，以为法律至上会否定道德的意义。

有的人认为，法律至上会导致对经济决定作用的忽视或否定。法律至上与经济决定法是两个不同层面的问题。经济决定法是从法的本源意义上讲的，在终极意义上法始终是被经济所决定并为经济服务的。但是离开这一意义，法对具体的经济关系和经济活动来说，显然就不再是从属的。一切具体的经济关系和经济活动也都得遵守法律规定，符合法律要求，否则就可能导致违法甚至犯罪行为的发生。法律至上是在经济决定法律的基础上对法律的地位的概括和期望，它与经济决定法律并不矛盾。

（四）法律平等原则

法律平等，即法律面前人人平等，是法治的基本原则之一。

法律平等有丰富的内容。法律平等包括了法律地位的平等，法律保护上的平等、法律制裁上的平等。法律地位的平等，主要表现为权利义务的平等。任何人作为公民都具有平等的权利和义务。法律上的权利义务的分配不能因人而异，而应一视同仁。法律保护权利上的平等，只要是合法的权利，都同等地受到法律的保护；法律保护的程度不应当因身份不同而有所差异。法律制裁上的平等，同样的违法或者犯罪应当受到同等的法律制裁，不应当有的人罚不当罪，也不能让人罚过其罪，应当是罪罚相适应，罪罚相当。

法律平等反对特权。这对于一个具有漫长封建历史的中国来说，任务尤其艰巨，也尤其必要。任何特权都是对于平等的反动，都是在平等之外的特殊权利。只要有特权，就没有平等。法律平等反对歧视。歧视是平等的另一极端，高于平等，是特权的基本情形，低于平等，是歧视的基本情形。歧视是同类主体受到低于平等的对待。法律平等既反对特权，也反对歧视，只有在法律上将反特权与反歧视结合起来，我们才可能真正赢得法律平等。

（五）司法独立原则

司法独立是法治的基本原则。司法独立的思想渊源，最早可以追溯到1608年英国普通法院首席大法官爱德华·柯克与英王詹姆士一世的冲突。到十七八世纪，资产阶级启蒙思想家针对封建专制制度和等级制度，提出了三权分立的主张，其中著名的代表人物之一是法国的孟德斯鸠。孟德斯鸠认为，国家权力应分为立法权、行政权、司法权，三种权力分属三个不同的国家机关。“如果司法权不同立法权和行政机关分立，自由也就不存在了。如果司法权同立法权合而为一，则将对公民的生命和自由施行专断的权力，因为法官就是立法者。如果司法权同行政权合而为一，法官便将握有压迫者的力量。”[①]德国学者将司法独立而不受干涉分为8个方面，分别为：独立于国家和社会间的各种势力；独立于上级官署；独立于政府；独立于议会；独立于政党；独立于新闻舆论；独立于国民时尚与时好；独立于自我偏好、偏见与激情。美国法学家亨廷顿认为，司法机关的独立表现在它只遵循自己特有的司法原则，表现在它的观念和行为不被其他政治机构和社会团体的观念和行为所左右。1985年联合国大会发表的《关于司法机关独立的基本原则》宣布：“各国应保证司法机关的独立，并将此项原则正式载入其本国的宪法或法律之中。尊重并遵守司法机关的独立，是各国政府机构及其他机构的职责。”我国作为联合国安理会常任理事国当然有义务遵守联合国的国际法律文件。我国现行宪法第

① ［法］孟德斯鸠：《论法的精神》上册，张雁深译，商务印书馆1961年版，第156页。

一百三十一条规定："人民法院依照法律规定独立行使审判权，不受行政机关、社会团体和个人的干涉。"

司法独立原则是指司法机关或司法官员依法独立行使职权，不受非法干涉。这种独立，是依法独立，而不是非法独立。它是在法律至上下的独立，并不是法官或法院的擅断与随心所欲。它对于保障法律的切实施行具有必须的意义。

（六）权力制约原则

权力的根据并不在权力的本身。权力的根据在于民众对权力的赋予以及民众对权力行使的认可。所谓选举、推举，不过是权力获得的过程而已。由于权力获得的过程不可能让所有人都参与，甚至绝大多数人都无法直接参与，所以，怎样保证权力的赋予是正当的，就成为一个十分困难的问题，于是就有一个对权力赋予过程的监督问题。赋予与获得是权力移转过程的两个侧面。如果权力赋予与权力获得的过程没有制约，就无法保障这一过程是正当的，就无法保障权力赋予者和权力获得者在这一过程中的行为一定是公众意志的反映。至于权力行使，更不可能由每一个人来完成。它必须由公众依靠一定的程序认可的人代为进行，那么这些由公众认可而行使管理社会权力的人，其行为是不是为公众利益的，如何保证他们永远为公众的利益而工作，这就使对权力获得者的监督或制约显得必不可少。

在制约机制中，最有效的制约手段当然是法律制度。这是由两个主要因素决定的。一是任何权力的行使一般都是以法律制度为根据的，并以法律制度作为权力行使的范式与轨迹；二是在制约权力的规范中唯有法律具有国家强制力做保证的特点。能否用法律制度科学而有效地制约权力，既是一个社会管理状况的评价标准之一，也是一个社会制度优越程度的标志。

（七）依法行政原则

行政是国家行使权力的重要方式，是国家对社会进行管理的基本途径。行政上的工作内容最为丰富，涉及的社会范围最为广泛，与社会民众的联系最为普遍。行政能否依法进行直接关系着一个国家能否实现法治。

依法行政是指行政行为应当具有法律上的根据，行政行为的内容、形式、程序都应当依照法律的规定或要求进行。凡是在法律上没有根据的行政行为就是违法行政行为，就应当承担法律上的责任。这与法律对公民行为的要求是截然不同的。公民的行为不必要求具有法律上的根据，他只要不违反法律的规定，即不受法律的追究与制裁。但作为国家机关之一的行政机关的行政行为则不同，它必须有法律的根据，否则就是违法行政。

依法行政一是要保证国家行政权力的依法实现，使国家行政管理的职能被正确行使；二是要防止非法行政，保护公民的合法权益。依法行政是行政机关和行政官员对国家和对公民负责的统一。国家利益和公民利益并不都是一致的，行政机关和行政官员只有以法律作为自己行政的根据，才能在国家利益和公民利益中寻找到一个最佳的结合点，只有依法才能使行政符合其本意。

依法行政要求行政官员具有必要的行政能力和法律素质。行政官员是数量最为庞大的官员系统。他们的行政能力与法律素质的参差不齐，是依法行政的极大障碍。目前，在我国改革行政机关，确保行政机关与行政官员依法行政的任务还十分艰巨。

（八）程序正当原则

法治要求严格的程序，正当程序是法治的先决条件和重要前提。借用中国的俗语“不以规矩，不能成方圆”，“规矩”就是程序，“方圆”才是结果。如果不遵守作为程序的规矩，就无法实现方圆的目标。程序正当原则是法治的基本原则。

正当法律程序原则起源于1215年英国国王签署的《自由大宪章》，它的第三十九条对正当法律程序原则作了初步规定：“凡自由民，如未经其同级贵族之依法裁判，或经国法判决，皆不得被逮捕，监禁，没收财产，剥夺法律保护权，流放，或加以任何其他损害。”“非经国法判决”不被追究责任或被加以损害这一规定被写入《自由大宪章》之时，仅指刑事诉讼必须采取正式的起诉方式并保障被告人接受陪审裁判的权利，主要用以在刑事诉讼中对封建贵族权利进行保护。在随后的爱德华三世时代，1354年英国国会通过的第二十八条法令即《自由令》，其第三章规定：“未经法律的正当程序进行答辩，对任何财产和身份的拥有者一律不得剥夺其土地或住所，不得逮捕或监禁，不得剥夺其继承权和生命。”①这条规定首次以法令形式表述了正当法律程序原则，并扩大了正当程序的适用范围。

美国在1787年纽约州批准宪法会议上提出“正当程序”一词，规定：除非依照“正当的法律程序”，否则任何人都应得到保证不被剥夺特定的权利。它构成了（美国宪法）第五条修正案和后来的第十四条修正案的正当程序条款的起源。1791年通过的美国宪法第五条修正案规定：“无论何人，除非根据大陪审团的报告或起诉，不得受

① ［英］丹宁：《法律的正当程序》，刘庸安等译，法律出版社1999年版，第1页。

判处死罪或其他不名誉罪行之审判，但发生在陆、海军中或发生在战时或出现公共危险时服现役的民兵中的案件不在此限。任何人不得因同一罪行而两次遭受生命或身体的危害；不得在任何刑事案件中被迫自证其罪；不经正当法律程序，不得被剥夺生命、自由或财产。不给予公平赔偿，私有财产不得充作公用。”①这条规定适用于联邦政府机关。1868年通过的美国宪法第十四条修正案规定：“凡在合众国出生或归化合众国并受其管辖的人，均为合众国的和他们居住州的公民。任何一州，都不得制定或实施限制合众国公民的特权或豁免权的任何法律；不经正当法律程序，不得剥夺任何人的生命、自由或财产；对于在其管辖下的任何人，亦不得拒绝给予平等法律保护。”②这条规定适用于各州政府机关。美国宪法第五条、第十四条修正案所包含的“不经正当法律程序，不得剥夺任何人的生命、自由和财产”的内容被称为“正当程序条款”。

从英美开创程序正当原则以来，逐步得到各国的认可，并演变成为普遍认同的法治原则。正当程序对于法治具有保障的意义，其本身也是法治的构成部分或必要内容。坚持程序正当原则，是法治得以建立和维系的基本保证。

（本讲稿在中央党校2004年春季学期中使用，编入本书时作了部分修订）

① [德] 格奥尔格 · 耶里内克：《〈人权与公民权利宣言〉——现代宪法史论》，李锦辉译，商务印书馆 2017 年版，第 67 —68 页。
② 江国华：《中国行政法（总论）》，武汉大学出版社 2017 年版，第 295 页。

第三讲
权力制约理论

一、权力的概念

（一）权力的定义

无论如何定义权力，我们都可以说它是指特定主体因为拥有一定的资源或者优势而得到的支配他人或者影响他人的力量。

很多学者都给权力下过定义。美国学者彼得·布劳认为，权力“是个人或群体将其意志强加于其他人的能力，尽管有反抗，这些个人或群体也可以通过威慑这样做”[①]。帕森斯则认为：“权力是一种保证集体组织系统中各单位履行有约束力的义务的普遍化能力。”[②]

按照前面的定义，作为权力的资源或者优势可能是经济的，也可能是政治的或者其他方面的权力，如社会文化生活等，因而权力也有经济权力和政治权力等的差别。在经济上，拥有财产或资本会不会产生权力呢？当然会。财产权力或资本权力是社会权力在市场经济条件下的主要表现形式。马克思就认为，它是财产或资本的所有者由于对财产或资本享有所有权而获得的支配他人劳动的权力。英国哲学家罗

---

① ［美］彼德·布劳：《社会生活中的交换与权力》，孙非、张黎勤译，华夏出版社1988年版，第137页。
② ［英］罗德里克·马丁：《权力社会学》，丰子义、张宁译，生活·读书·新知三联书店1992年版，第86页。

素曾将权力分为治人之权和治物之权；传统的权力和新获得的权力。托夫勒（《第三次浪潮》《未来的冲击》的作者）在《权力的转移》中说，权力是一种有目的地支配他人的力量，是由暴力、财富和知识三者构成的。最简单的体现权力的方式就是行使暴力。这是一种低质量的权力形式，它缺少灵活性，只能用于惩罚，并且风险很大。财富则不仅可用于威胁和惩罚，还可用于奖赏，比暴力灵活得多。而高质量的权力则来源于知识，它既可用于惩罚和奖励，也可用于劝说。它既能扩充武力和财富，也能减少达到某个目的所需的武力和财富的数量。可见，权力的外延已经扩展到何种程度。在政治上存在的权力，这种权力可以被称为政治权力或国家权力。我今天所讲的权力是指政治权力或者国家权力，被一些人称为公权力或公共权力。

（二）权力与权利

1.权利的基本含义

权力与权利，在英文中分别为power和right。权利是指在社会中产生，并以一定社会承认作为前提，由其享有者自主享有的权能和利益。这个定义告诉我们，权利是在人与人的相对存在的社会状态之中存在的。孤立的个人，无所谓权利。权利也总是以一定的社会承认作为前提。这种承认可能是习惯的、道德的、宗教的和法律的。根据其承认方式的不同或者被称为习惯权利、道德权利、宗教权利和法律权利。这一定义还表明，权利包含权能和利益两个方面。权能是指权利能够得以实现的可能性，它并不要求权利的绝对实现，只是表明权利具有实现的现实可能，即“是不为也，非不能也”。利益则是权利的另一主要表现形式，是权能现实化的结果。将二者相比较，权能具有可能性，利益具有现实性。也可以说，权能是可以实现但未实现的利益，利益是被实现了的权能。如继承权，在被继承人尚未死亡时，继承人所享有的继承权实际上是一种以权能状态存在的权利。一旦被继承人死亡，继承产生，继承权就由一种权能转化成利益。

2.权力与权利的联系

第一，权力来自权利。在权力与权利谁来自谁的问题上，一直存在误解。其实早在权力产生之前，权利就已经有了。在原始时代，人们已经有了原始的权利，这些权利遍及氏族内部的生产、分配和消费的各个环节。只是那时的权利和义务是不可分离，也无法分离的。而权力的情形则不同，在最初是没有权力存在的。由于人的认识发展和社会的逐步生成，就逐步产生了一些社会公共事务，需要一定的人来担任和完成。当初总是由氏族首领来进行的，是全体氏族成员为了自身的利益而委托首领来进行的。于是，根据全体氏族成员的委托和信任，氏族首领就享有了对于氏族公共事务进行管理的力量。这种力量也就是最初的权力。

第二，权力是为维护权利而产生的。在私有制出现，权利义务逐步分离以后，权利就不时遭到侵犯。如果完全听由受害者自由复仇，就难免会导致混乱。而且一旦遇到受害者是弱者，复仇也就会成为困难。为了防止因自主复仇导致的混乱和保护弱者，就必须产生一种公共权力，来维持社会秩序，保护弱者，使弱者的权利得到保障。值得特别一提的是，在保护权利中，首先保护的当然是有产者的权利；具体地说，首先是奴隶主的权利。这也就是我们所说的权力和权利的阶级性。

第三，权利优位于权力。由于权力是来自权利的，也由于权力的目的在于维护和实现权利，相对于权利，权力就是手段和工具，而不是目的。谁要背离了这一点，也就是对于权力的反动和对于权利的否定。明确了这一点，我们在面对权利和权力的冲突时就不难作出正确的选择，即让权力服从于权利。我在一本书里讲道，一个深夜，有一名嫌疑人跑到一个村子就消失了，我们能不能对全村进行搜查？显然不能，因为那样就会侵犯全体村民的公民权利。

3.权力与权利的区别

第一，权利的主体是不特定的，而权力的主体是特定的。权利的主体十分普遍。就公民权利而言，所有的公民都有权享有。对于民事经济权利来说，也可以认为，所有的公民都可以享有。但是就权力而言，就不是任何人都可以享有的，它有特定的主体限制。这种限制就是由法律作出的。

第二，权利的内容比权力的内容广泛。权利涉及社会生活的方方面面，诸如政治、经济、文化、社会生活，等等。权力的内容是有限的，仅限于特定程序和方式所赋予或获得的事项。权利往往并不限于法律的规定。法律所规定的一般也只是基本的权利，而权力则是严格以法律规定的内容为限，超出了法律规定的范围，构成对于其他权力或者权利的侵犯，即构成违法。

第三，权利可以放弃，权力不能放弃。这是由权利的自主性所决定的，而权力，往往都是职权，它是与职责相伴随的。放弃权力则可能意味着渎职，而渎职，不仅为法律所禁止，甚至还要被法律所惩罚。因此，原则上权力也不可由权力享有者随意转让，而权利，除一些最基本的权利之外，许多权利都是可以转让的。

二、权力需要被制约

（一）因权力来源而需要

权力之所以需要制约，首先就是由权力的来源所决定的。从人类社会的历史发展来看，一切权力都是来自人民的，人民是一切公共权力的来源所在。人民在共同生活之中产生了对于公共事务处理乃至公共管理的需要，正是这一需要决定了权力的产生。人民为了满足自己对于公共事务和公共管理的需要，产生了授权给特定个人或者组织的愿望与行动。那些拥有权力的个人或者组织，其权力无不是来自人民的授权。

资产阶级启蒙思想家、革命家先后集体性地发现了权力来自人民这一历史现象，并将其熔铸在其诸如社会契约论等学说之中。历史上，人类未必真有这样一个纸面的契约，但是人民授权给自己的代理人——特定的个人或者组织，却是不争的历史事实。也正是基于这样的认知，资产阶级启蒙思想家和革命家喊出了“主权在民”的口号，由此奠定了资产阶级革命的理论基础，也为资产阶级的民主政治作出了必要的理论准备。

无产阶级思想家和革命家并没有否定资产阶级思想家和革命家的认识，而是把资产阶级并不彻底的民主现实加以了批判，同时提出了用社会主义民主代替资本主义民主，真正实现人民当家作主的政治主张。社会主义民主政治或者政治民主是对资本主义的否定，更是一种超越。正是因此，社会主义国家纷纷在自己的宪法和法律中确认，国家的一切权力属于人民。这些权力之所以属于人民，是因为它原本就来自人民，就是人民的权力。每个政治家或者公共权力机构所拥有的权力，都不过是由人民权力的分解或分派，都只是人民权力的一部分。

正是因为一切权力都来自人民，人民既是权力的最初拥有者，也是权力的最终拥有者。所有的权力都必须保持对于人民的忠诚，忠于人民。忠于人民就成为权力需要被制约的第一位的理由。不受制约的权力都有摆脱人民约束甚至背叛人民意志的可能性，都必须将其置于人民之下并为人民所制约。

（二）因权力性质而需要

权力具有诸多性质，除了具有来源意义上的人民性之外，还具有相对性、支配性、权威性、组织性，等等。这些性质同样决定了权力必须受到应有的制约。

从权力的相对性来看，它需要制约。首先，任何权力都是存在于特定时空中的。除了人民及其整体的权力之外，没有任何一项权力和任何一个权力主体是自古以来就有并永恒存在的。其次，任何时代，公权力都是分别由不同的人、不同的组织来行使的。拥有无限权力的只有整体而抽象的人民，人民之外的每一个权力主体包括特定的个人或者组织，其权力都是相对有限的。最后，不同政治家或者政治组织，包括执政党、立法机关、行政机关、司法机关，都拥有一定的权力，但是所拥有的都是国家权力的某一部分。它们同时并存、互相联系，也相互制约。权力的相对性本身就决定了其不是无拘无束的自在之物，它必须受到各种因素的制约。

从权力的支配性来看，它需要制约。权力拥有者和行使者在一定意义上是可以强加于相对人的。不论相对人愿意或者不愿意，权力都是具有强制性、强制力的。面对权力，相对人一般都只能服从。如果不服从，就会付出沉重的代价。所有的权力都具有强制性，就是那些被滥用的权力，也同样具有不得不服从的性质。权力的这种支配性，也就决定了它必须受制约，否则肆行无忌的权力不仅是对人民权力的滥用，最终是对人民的背叛。其实，滥用的权力本身也会反噬自身。滥用的权力必然会破坏权力秩序，最终会毁坏权力自身。

从权力的权威性来看，它需要制约。权力当然地具有权威性。这种权威性是以其规则性和公开性作为基础和内容的。无规则的权力运行本身就是无序的，它所带来的必然是国家和社会的混乱。人类的历史发展已经证明，法律是规范权力运行的重要规则。法律也就是对于权力及其运行最大、最好的制约。权力必须是公开的，权力的公开性决定了社会对于权力的关注，也决定了权力必须回应社会的要求、呼声、愿望。这些同样构成对于权力的制约。权力一旦在阳光下行使，就会被置于严密的监督之中。纵然是阴影部分，也同样会引起人们的关注，引发人们的责难。权力的权威性所依赖的规则性和公开性，就是对于权力的制约。

从权力的组织性来看，它需要制约。权力从产生以来就是有组织性的。在政治国家之中，权力更是存在于庞大的权力体系之中。不同的权力并不是杂乱的组合。不同性质、不同类别、不同层级的权力会以一定的结构关系组合在一起，彼此关联、衔接，也相互制约。权力的组织性决定了任何一个权力都不过是其中的一个元素、一个环节、一个方面而已。就其整体来说，不同性质、类别、层级的权力总是相互联系的，也是相互制约的。任何一个权力要想摆脱组织体系而独自运行都是不可能的。擅自运行的权力必然为整个体系所不容，其行使者必然会受到整个体制的制约。组织体系本身就是制约，它还会产生动态的制约关系与制约过程。

（三）因权力行使而需要

权力因行使主体不同而需要制约。具体的权力总是由不同主体行使的。有的主体是一个组织，有的则是某一个人。这就使得权力行使在一定方面和环节会因行权者的不同，而具有个别性和差异性。尽管每一个公权机构都在要求权力行使的统一性、一致性，但现实往往使政治学家跌破眼镜。在一个法治良好的社会中，权力行使会因法治而得以统一。在非法治社会或者人治社会之中，权力行使更会因行权者的不同而异。为了尽量减少乃至消除权力行使上的个别性、差异性，增强统一性、一致性，人民以及那些智慧的统治者总是绞尽脑汁地作出种种努力，但结果往往不尽如人意。这就充分说明，对于权力行使的制约异常艰难，也就更为必需。

权力因行使过程复杂而需要制约。权力行使并不是单一的活动，往往是一个过程，甚至是一个需要一定时间长度的过程，或者是一个不断重复的过程。这个过程会受到各种因素影响。各种因素的作用并不是一定的、确定的。这些因素有主观的，也有客观的；有可以预期的，也有难以预期的；有于法有据的，也有于法无据的。面对纷繁的影响因素，要使权力行使保持一致，就必须为其提供统一规则——实体法律，统一流程——程序法律。此外，还必须有更多的政治、道德、职业上的要求。总之，它们都是权力行使中的必需，它们都是对于权力的制约。

三、权力何以被制约

面对权力，人类设计了许多制约的手段与方式，最主要的有三种，即权利、权力和法律。

（一）权利制约权力

权利制约权力，应当是很有效的方式。因为从人的本性上讲，我们不能说人都是自私的，但是我们完全可以说，人都是自利的。自利的人为了自己的利益，当然会认识自己的权利，享有自己的权利，进而维护自己的权利。权利的认识、享有和维护，都是对于权力的有效制约。

从权利的认识上讲，人们知道了自己的权利，就知道了权力的义务。权利的范围有多大，权力保障权利的责任范围就有多大，这是对权力的制约。比如，人们知道了自己的了解权，他就会明白政府对于人民有公开信息的义务。当权力随意宣布保密的时候，人们就会表示他们的不满，甚至要求权力加以公开化。当人们知道自己有选举权的时候，就会正视自己的选举权利，并要求权力予以应有的尊重。

从权利的行使上讲，人们行使了自己的权利，也就必然要求权力承担相应的义务。相对于权利，权力有什么义务呢？有两个主要的义务，一个是当权力主体不是对应的义务主体时（如买卖合同纠纷），权力主体就有保障权利得以实现的义务。任何权利在实现的过程中遇到障碍，权利人都有权要求权力予以保障——对义务人予以强制或制裁。另一个是权利是相对于权力本身的，即权力主体本身就是义务主体（如公民的最低生活保障权利无法实现），权力就必须主动履行保障义务，公民的权利才可能成为现实。

从权利的维护上讲，人们对于权利的维护，更是对于权力的制约。权利的维护总是在权利被侵害的情况下，才具有实在的意义。权利人可以放弃权利，当其权利受到侵害时，他同样可以忍受，可以放弃对于权利维护的要求。但是他一旦要求，权力的主体就有责任予以应有的保护或保障。

（二）权力制约权力

用权利来制约权力，当然是重要的，它特别能调动制约者的积极性，因为它的立足点在于权利主体对于自己利益的关心。但是权利的主体往往是软弱的，如果没有外力的帮助，甚至是无法自救的。于是人们又思考再去寻找新的方式。显然，用权力来制约权力，无疑是重要的方式。

怎么用权力制约权力？人们的第一个设想，便是将权力按照不同的性质进行不同的分类，交由不同的人或机构来执掌与行使，让不同的权力主体之间相互制约，以防止权力被滥用。于是才有了资本主义发明的“三权分立”的分权理论，也才有了社会主义的权力的分工理论。其目的都是在于以权力制约权力最终实现有效的权力制约。

首先，我们来看分权理论。一提到分权，大家马上会想到“三权分立”，其实，分权理论是在两个意义上成立的。一个是权力的等级分配，如中央与地方的分权；另一个是权力的平行分配，如三权分立或五权分立等。分权的目的就在于防止一权独大，导致失去制约，成为专制的权力。对于分权理论，不能笼统地予以否定，至少不同权力级别之间的分权是必须的。中央与地方之间，当然就应有不同的权力划分，否则就会导致中央与地方之间权界不清，责任不明，妨碍国家权力的正常运行和有效运行。但是，由于我们对“三权分立”的排拒态度，以至于外界一直以为我们是反对分权的。这其实是误解。我们一直所反对的是“三权分立”的平行分权，而不是中央与地方之间、不同权力等级之间的纵向分权。

其次，我们来看分工理论。分工理论是基于对分权理论的排斥态度，又面对权力不能不分而提出的又一个权力制约方案。按照我国目前比较主流的观点：我国宪法规定了横向权力分工关系，明确了国家权力机关、行政机关、审判机关、检察机关、军事统率机关的职权范围；我国宪法规定了纵向权力分工的基本原则，即在中央统一领导下，充分发挥地方的主动性和积极性。

对于分权与分工的理论，我们还需要作进一步的研究，并且从中找出规律性和共同性的东西。对于资本主义的一些理论也要采取马克思主义的扬弃的辩证思维方法，加以科学对待。如果我们抛开二者之间的分歧，会发现它们有许多共同点，其中一个重要的共同点就在于用权力来制约权力。

（三）法律制约权力

法律制约权力是权力制约的基本形式。它是人类政治和法律实践的经验结晶。运用法律制约权力，相对于政治对于权力的制约，更具有规范性和明确性；相对于道德对于权力的制约，更具有有效性和强制性；相对于自律对于权力的制约，更具有外在性和制度性。运用法律制约国家权力，是现代国家治理不可缺少的手段，是国家法治化的重要标志和检验尺度，也是法治国家建设的重要内容。

通过制定法律规则来制约权力，就要为权力行使设定实体和程序规则。法律是社会的行为规范，也是行使权力的规范。法律为权力行使设定行为规则乃至行为模式，成为政治家的守则。任何用权都必须遵守既有的实体和程序规则，确保权力既有实体的根据，也有程序的遵循。它可以给权力拥有者和行使者提供实现权力的法律指引。

通过法律制约权力，离不开法律为权力行使设定义务乃至规定法律责任。有权必有责，用权必担责。它既是对行权者的指引，更是对行权者的警示，可以相对有效地防止权力的任性。一旦发生了权力超出边界或者违反程序的情形，有关机关或者部门就可以对照法律予以校正，还可以依照法律规则追究违法者的法律责任。这种惩戒既是对违法行权者的惩罚，也是对其他行权者的警示。

通过法律制约权力，可以为人民的法律监督提供根据、手段、程序、标准。人民是不特定的多数人，他们如何监督权力，法律就是其根据、手段、程序、标准。只有依法进行的监督，才是最有效的监督，才能最好地实行人民民主，维护法治。

（四）法治——权力制约的根本途径

对权力的制约手段很多，除了前面论述的权利、权力和法律之外，还有道德、教规、纪律、政策、利益、责任，等等。在众多的手段中唯有法律是最有效的制约手段。邓小平在论述有关问题时就指出："必须使民主制度化、法律化，使这种制度和法律不因领导人的改变而改变，不因领导人的看法和注意力的改变而改变。"[①]这也是邓小平理论中关于运用法律制约权力的重要论述之一。法律之所以能如此，主要是由于法律具有其他任何手段都不具有的公开性、国家强制性、国家意志性和普遍约束力。法律是制约权力的最佳手段，但并不是有了法律就等于有了权力的良好制约。法律必须在法治化的社会状态中才可能发挥出对权力的制约效用，充分实现其权力制约功能。

对权力制约的方式很多，适度的制约模式必须依赖法治。在对权力的制约中有集权与分权的权力制约方式。任何非专制的权力制约方式都不能离开法律的作用。权力的必要集中是重要的，没有一定的集权，各个分散的权力就可能摆脱制约或者不受制约而滥用；如果权力过度分散，高层次权力就难以对低层次权力进行制约。权力的适当分散同样是重要的，没有一定的分权，权力就可能因为过度集中而导致专制，使各个专制的权力不受约束，社会就会蒙受重大损失。孟德斯鸠认为，"当立法权和行政权集中在同一个人或同一个机关之手，自由便不复存在了"。"如果司法权不同立法权和行政权分立，自由也就不存在了。如果司法权同立法权合而为一，则将对公民的生命和自由施行专断的权力，因为法官就是立法者。""如果同一个人或……同一

① 《邓小平文选》第2卷，人民出版社1994年版，第146页。

个机关行使这三种权力……则一切便都完了”。[①]掌握权力的机构应当是必要的集权与适当的分权的有机结合。然而在权力的社会实践中，常常出现的是两个极端，一是过度强调集中，形成专制集权；二是过度强调分散，出现无政府主义。若要保障权力的适度集中与分散，就必须依靠法律的作用和力量。

中国是一个重视治吏、强调治吏的国家。早在先秦时代，法家就提出了“明主治吏不治民”的观点。中国历代王朝都把治吏放到相当重要的位置加以特别强调。在夏朝，就有运用派遣使臣、诸侯相互监督、天子巡行等方式对下属官吏进行监督的制度。以后各朝各代都有自己制约官吏的法律和制度，侧重于对官吏的失职、擅权、贪腐进行惩罚，实行官吏的考核制度、本籍回避制度和举报制度。

中国的治吏传统在规范权力和防止权力的滥用上与当代法治具有一定的一致性。对于法治来说，其所治之关键在于治权，而治权的实质是治吏。两者的目的都在于防止权力的懈怠与权力的滥用。中国的治吏传统对于倡行法治是有所助益的。法治于权力约束的规定性，应当说在一定程度上是可以为中国文化和历史的传统所接纳的。

但是，中国传统的治吏不是法治意义上的权力制约。两者的主体是不同的，中国治吏的主体是皇帝，而法治中权力制约的主体是人民；两者的对象是不同的，中国治吏的“吏”是不包括最高权力拥有者——皇帝的，而法治中的权力制约所要制约的是除人民及其终极权力之外的一切权力与权力拥有者；两者所存在的政治体制也是不同的，中国治吏是在专制政体中的权力制约手段，法治中的权力制约是

① [法]孟德斯鸠：《论法的精神》(上册)，张雁深译，商务印书馆1961年版，第156页。

民主政体中的民主和法治措施；两者的制约方式也是不同的，中国治吏所采用的主要是人治的方式，即使运用了法律，法律也仅仅是一个工具，而法治中的权力制约所采用的则是民主和法治的方式，法律虽然也是工具，但它的被实现本身也是权力制约的重要目的。

法治是指以民主作为前提和目标的，以制约权力作为基本特征的社会管理机制、社会活动方式和社会秩序状态。依法治国或者法治，就是要使国家各项工作逐步法制化和规范化；就是广大人民群众在党的领导下，依照宪法和法律的规定，通过各种途径和形式参与管理国家、管理经济文化事业、管理社会事务；就是逐步实现社会主义民主的制度化和法律化。法治原则在权力运行之中的表现就是权力的赋予（获得）、权力的行使和权力的剥夺都必须依法进行。权力的赋予与获得是一个过程的两个方面，对于人民代表大会来说，选举产生或任命一定职位的官员就是权力的赋予，而对于这些被选举的官员来说，就是权力的获得。权力的行使是权力运行的主要形式。权力行使的关键是不要脱离法治的轨道，而是必须遵循法治的轨迹，即依法用权或依法行权。权力的剥夺也要依法。这里至少有这样的两层含义，一是应当剥夺的必须坚决地依法剥夺，二是对于不应剥夺的必须依法维护而不能剥夺。制约权力，我们还有很多工作要做。党的十六大报告要求全党和全国在政治建设和政治体制改革方面，应当“加强对权力的制约和监督。建立结构合理、配置科学、程序严密、制约有效的权力运行机制，从决策和执行等环节加强对权力的监督，保证把人民赋予的权力真正用来为人民谋利益。重点加强对领导干部特别是主要领导干部的监督，加强对人财物管理和使用的监督。强化领导班子内部监督，完善重大事项和重要干部任免的决定程序。改革和完善党的纪律检查体制，建立和完善巡视制度。发挥司法机关和行政监察、审计等职能部门的作用。实行多种形式的领导干部述职述廉制度，健全重大事项报告制度、质询制度和民主评议制度。认真推行政务公开制度。加强组织监督和民主监督，发挥舆论监督的作用”。党的十九大报告指出：“我国社会主义民主是维护人民根本利益的最广泛、最真实、最管用的民主。发展社会主义民主政治就是要体现人民意志、保障人民权益、激发人民创造活力，用制度体系保证人民当家作主。”“巩固基层政权，完善基层民主制度，保障人民知情权、参与权、表达权、监督权。健全依法决策机制，构建决策科学、执行坚决、监督有力的权力运行机制。各级领导干部要增强民主意识，发扬民主作风，接受人民监督，当好人民公仆。”

（本讲稿在中央党校2004年春季学期民族班教学中使用，编入本书时作了部分修订）

第四讲

依法执政的理论与实践

依法执政问题是所有执政党都面临的宏大课题，也是中国共产党人必须担负的历史重任。2004年，我们党在《中共中央关于加强党的执政能力建设的决定》中明确提出要加强依法执政能力建设，从此开启了中国共产党全面走向依法执政的大门。2017年党的十九大报告明确指出："增强依法执政本领，加快形成覆盖党的领导和党的建设各方面的党内法规制度体系，加强和改善对国家政权机关的领导。"

一、依法执政的基本含义

（一）依法执政的提出

依法执政的问题早在革命根据地局部执政时期就被提了出来，而且中国共产党人作出了当时条件所能允许的极大努力，开始了依法执政的初步尝试。但由于战争的影响和革命根据地的变动，依法执政难以全面推行。1949年，中国共产党开始全面执政，但是如何在全国范围内依法执政依然是中国共产党面临的现实的重大问题。经过几十年的社会主义的执政实践，2004年，党的十六届四中全会作出的《中共中央关于加强党的执政能力建设的决定》提出了科学执政、民主执政、依法执政的命题。把科学执政、民主执政、依法执政作为一个整体完整地提出来，在党的文献中还是第一次。这也是我们党第一次提出依法执政。

（二）依法执政的内涵

依法执政，就是指中国共产党在执政的过程中要善于使党的主张通过法定程序成为国家意志，从制度上、法律上保证党的路线方针政策的贯彻实施，使这种制度和法律不因领导人的改变而改变，不因领导人看法和注意力的改变而改变。加强党对立法工作的领导，确保立法充分体现人民的智慧并实现人民民主。全党同志特别是领导干部要牢固树立法制观念，坚持在宪法和法律范围内活动，带头维护宪法和法律的权威。督促、支持和保证国家机关依法行使职权，在法治轨道上推动各项工作的开展。

依法执政的主体是中国共产党。依法执政包括四个方面的基本内容：一是依法贯彻党的主张，二是领导立法发展，三是带头遵守法律，四是确保法律实施。

（三）依法执政与科学执政、民主执政的关系

科学执政、民主执政、依法执政是密不可分、相互联系的整体，既完整地提出了我们党执政的目标和原则，又明确规定了我们党执政的方式和途径。

科学执政是依法执政的前提条件。科学执政的目的在于确保执政的正确性。实践证明，民主只有依赖科学的方式、方法、体制、机制才能真正实现。我们过去曾经搞过的"大民主"之所以会变成大灾难，说到底就是缺乏科学性，导致事与愿违。任何一种民主方式都不

是十全十美的，它只是可以最大限度地减少错误和失误，并不能彻底免除错误和失误。多数人决策的过程也可能被扭曲。为了尽可能减少决策的失误，防止多数人决定向少数人决定的畸形演变，我们在强调民主执政的同时必须强调科学执政。同样，依法执政也要以科学执政为前提。因为只有符合客观规律的法律才是良法，才能为人民群众所自觉认同和遵守。科学执政的核心是按执政规律执政，而良好的法律正是在人们对政治、经济、社会发展规律不断认识的基础上形成的，反映了人们对这些客观规律的认识。从人类社会由人治向法治发展的历史进程来看，坚持依法执政本身就是符合客观规律、适应客观规律要求的体现。缺乏科学性作保障的执政，即使有法律作保证，也同样会犯错误。所以，依法执政必须符合科学性要求。

民主执政是依法执政的本质要求。民主执政的目的在于确保执政的民主性。要做到依法执政，必须坚持民主执政。因为只有民主执政，才能最大限度地集中人民群众的智慧，最大限度地反映人民群众的意愿，从而把握规律，实现科学执政。民主执政推进得愈好，科学执政就愈有社会基础与群众基础。民主执政可以说是科学执政的社会基础和理想目标。从普遍的决策意义上讲，完全可以说，没有民主执政，就没有科学执政。同样，坚持依法执政也必须坚持民主执政。民主执政在根本上决定着依法执政，因为只有坚持民主执政，有关的法律法规才可能制定得科学，才可能得到人民群众的积极遵守。法治背景下的依法执政，归根结底就是要按照大多数人的意志执政，按民意执政。在我国，人民是国家的主人。国家制定的法律，所反映的应当是人民意志，应当是人民群众的利益、愿望和要求。民主执政所提供的是依法执政的社会基础和群众基础，它也是依法执政的本质要求与反映。依法执政以民主执政作为自己质的规定性。

依法执政是科学执政和民主执政的基本方式。依法执政的目的在于确保执政的法治化水平。要使民主执政成为坚定不移的政治原则，要使民主执政获得有效的程序保证和实质保证，依法执政就成为民主执政在形式上的基本要求。民主执政需要依法执政予以程序和方式的保证。科学执政也必须依赖依法执政。因为科学执政的目标需要法律予以确立，科学执政的程序需要法律加以设定，科学执政的成果需要法律予以保障。在执政活动中，必须依法推行科学执政，使违反科学的执政行为受到应有的法律限制，才能保证科学执政的全面实现。

科学执政、民主执政、依法执政是一个有着共同目标的统一整体。这三者的统一，是坚持党的领导、人民当家作主和依法治国有机统一的体现，是我们党执政的手段与目标相统一的体现，是我们党自身建设与实现党的历史使命相统一的体现。全面坚持“三个执政”必将使党的执政方略更加完善、执政体制更加健全、执政方式更加科学、执政基础更加巩固，进而确保党的长期执政与良好执政，确保国家富强、民族振兴、社会和谐、人民幸福。

二、依法执政的客观依据

（一）依法执政是社会发展进程的需要

1. 适应社会转型的需要

中国社会正经历着双重意义的社会转型。谈到中国目前正处于转型期，中国现实的社会是一个转型期的社会，人们往往是指我们在20世纪末期进行的社会改革。这是对的，但是这并不全面，甚至还缺乏用历史的眼光来看待中国的整个历史发展，尤其是没有能够很好地认识中国的近现代历史。

中国社会正在经历的第一个具有重要意义的社会转型，是中国从传统社会向现代社会的转型。从鸦片战争、洋务运动、戊戌变法、五四运动以来，中国社会开始了现代化的历程。从传统社会向现代社会的过渡，是中国社会尚未完结的历史使命。这一过程也就是中国的现代化过程。它已经有一百多年的历史了，至今还持续进行着。现代化进程是以世界各国，尤其是世界上的先发展国家作为参照系的，现代化的标准具有明显的时代性。中国的现代化进程全面地更新着中国的经济、政治和文化的传统，使中国社会谋求的是“与万国同制”“与万国同行”，目的在于使中国社会适应时代和世界的发展趋势，自立于世界民族之林。在整整一个半世纪乃至更长的历史中，中国社会持续不断地发展着、更新着，朝着现代化的目标迈进，涌现了一代又一代杰出的思想家、政治家，尤其是革命家和改革家。

中国社会正在经历的第二个具有重要意义的社会转型，是指20世纪末期的最后20年以来，中国社会正在进行的新一轮社会变革。中国社会经过了几千年的发展，经历了奴隶制、封建制和半殖民地半封建社会，进入了社会主义社会。随着社会的发展，我们因应时代的要求开始了一场社会主义的自我改革的革命。我们正在推进政治的民主化进步、经济的市场化进程、文化的多元化发展。中国社会在20世纪后期所发动的这场改革正与第一重意义的社会转型相契合。

在这两个意义上的社会转型中，社会的政治、经济和文化的更新都对中国提出了从专制向法制，进而向法治进步的要求。所以一百多年来，法治就成了中国人民的梦想。尤其是经历了社会主义的几十年的社会实践，我们更深刻地感受到了在中国推行法治的必要性和重要性，以及不要法治的灾难性后果。双重的社会转型都提出了一个共同的要求——法治化变革。在法治口号和目标被重新提出之后，依法治国、建设社会主义法治国家成为社会的整体要求，也成了改革开放的需要。在这种背景下，提出并实行依法执政，是中国社会对执政者的要求，是中国社会要完成百年的现代化变革与完成当前的体制改革所必需的，也是中国执政者政治自觉的客观反映和政治进步的外在表现。

2.推进法治进程的需要

中国的法治发展经历了百年之久，新一轮彻底的法治化变革已经如火如荼。中国法治是中国从传统社会向现代社会过渡的需要，也是近半个世纪历史的经验结晶。到现代，法治已经成为中国社会不可逆转的发展方向。社会的法治化发展不断推进，取得了令世人瞩目的重大成就。建设法治国家成了理想目标与现实的任务。在这样的背景之下，执政党的依法执政就成为法治发展的客观需要，也是我国法治建设向纵深发展的必由之路。

法治内在地要求制约权力，必然要求制约执政党。权力是社会的产物，社会不可没有权力，但社会也不能容忍权力的滥用。任何权力的滥用都是对人民权力和人民权利的侵犯，也是对权力本身的败坏。法治之治首先就在于规范权力，防止权力滥用，保障权力的正当性和合法性。执政权力显然是重要的社会权力之一。在政党政治中执政权力都是为执政党所掌握的。在政党政治中，政党作用是不容忽视的。无论人们是否认可，政党都发挥着重要的作用。尤其是执政党主导着一个社会的政治，也主导着一个国家的发展。由于执政党拥有执政的权力，法治对于执政党执政权力的规制必然首先体现在对于执政党的规制之上。

依法执政是我国宪法与《中国共产党章程》的共同要求。就中国当代社会的实际情况而言，1982年的《中华人民共和国宪法》就确立了一切政党都必须在宪法和法律范围内活动的原则。作为执政党的中国共产党也于同期，在自己的“宪法”——《中国共产党章程》中写进了党的组织和党员必须在宪法和法律的范围内活动的组织规则，但是一直没有进一步的具体化。随着法治的发展，如何使宪法的规定和执政党党章的规定具体化，是中国社会和共产党都要面对的问题。在这种情形之下，提出并实行依法执政，是法治发展的客观要求，也是任何政党必须在宪法和法律范围内活动原则的具体化和进一步法治化。

依法执政是中国社会全面法治化的重要启动点。法治发展过程是社会整体化的演进过程，这个过程需要一个客观的启动。法治不是一蹴而就的，有其不断推进的历史进程。这个进程有其发展的规律，但是人们对其进程并不是无能为力的。人们完全可以发挥自己的主观能动性推进法治的迅速发展，使法治得以加速推进。在法治的发展中也有众多的因素产生着影响。影响法治的因素中政治的因素是尤其不可忽略的。在政治因素中，执政党如何认识法治，是一个思想前提。解决了思想认识问题的执政党也就能够正确地面对法治。但是法治毕竟是一种独特的社会实践，它需要在社会中发挥着重要政治作用的执政党身体力行地推进。既是法治的动力，又是法治的典范。从典范的意义上讲，依法执政无疑是执政党的最佳表现。执政党的依法执政，将会给社会一个守法的范式，供社会效仿，并提高全社会的法治观念和守法水准。执政党若能严格地依法执政，必将极大地促进法治的发展，推进法治发展的进程。

3.政党建设发展的需要

世界各国不同的执政党有着并不完全相同的执政方式，执掌着国家的政治权力。执政党的执政方式，反映着执政党的执政能力与执政水平。是否依法执政，能否依法执政，是执政党是否成熟的标志。任何成熟的执政党，都会寻求最佳的执政方式来实现自己的执政目标。在执政的方式中，依法执政是最具有严肃性、稳定性和连续性的方式，也是优秀的执政党所特别注重的方式。

执政党依法执政的提出，本身就表明了执政党认识水平的提升。执政党若能实实在在地推行依法执政，对于社会的益处自不待言，就是对于执政党自身来说，也是执政能力的极大提高。在依法执政的过程中，执政党必须具有足够的政治意识、法律意识和艺术地达成自己执政目的的政治技巧。依法执政会给执政党提出全方位的素质要求与能力要求。执政党实行依法执政的过程，也是执政党自我提高的过程。在依法执政的发展过程中，执政党的能力也会自然而然地得以增强，依法执政的推行必然会加强执政党的建设。

（二）依法执政是党的现实任务的要求

当前和今后一个时期，加强党的执政能力建设的主要任务是不断提高驾驭社会主义市场经济的能力、发展社会主义民主政治的能力、建设社会主义先进文化的能力、构建社会主义和谐社会的能力、应对国际局势和处理国际事务的能力。

1.驾驭市场经济的要求

执政总有其时代背景和社会背景，依法执政如此，中国共产党的依法执政也同样如此。21世纪初期的中国，正是走向市场经济的时期，整个社会也面临着建设市场经济的重任。在走向市场经济的时代背景和社会背景之下，如何进行依法执政，是一个崭新的课题。依法执政必须是在能够有效地驾驭市场经济的基础上的。没有对于市场经济的良好把握，没有对于市场经济的法律规制，市场经济就会遭受严重障碍，就无法得到顺利发展。

市场经济建设是中国历史的选择，中国共产党领导人民应时代的需要，提出了市场经济的目标，也只有中国共产党担负起市场经济建设的重任，市场经济才能顺利发展。驾驭市场经济是社会的历史性要求。如何适应社会发展的需要，发展市场经济是历史发展到特定历史时期的必然。驾驭市场经济的能力，实际上也是中国共产党与时俱进能力的表现。只有顺应历史的要求，与市场经济的发展协调一致，市场经济才能发展，中国共产党也才能赢得历史性进步。

市场经济是法治经济。市场经济与法治是密切联系、不可分割的。市场经济的发展必然要求法治的形成和发展。如果可以说没有市场经济就没有法治，我们也完全可以说没有法治就没有市场经济。市场经济对于法治的需求，以及与法治之间的内在联系，要求我们必须在发展市场经济的同时，加快法治发展的进程。依法治国本身就是市场经济发展的必然要求。中国共产党的依法执政，是在市场经济和依法治国双重背景下进行的，要全面建立起完善的社会主义市场经济体制，就必须学会依法驾驭市场经济。

2.发展民主政治的要求

坚持和发展人民民主，是我们党执政为民的本质要求和根本途径，也必然会提出依法执政的要求。

（1）党的依法执政是保证人民当家作主的要求。推进社会主义民主的制度化、规范化和程序化，保证人民当家作主。健全民主制度，丰富民主形式，扩大公民有序的政治参与，保证人民依法实行民主选举、民主决策、民主管理、民主监督。坚持和完善人民代表大会制度，保证各级人民代表大会都由民主选举产生、对人民负责、受人民监督，支持人民通过人民代表大会行使国家权力，支持人民代表大会及其常委会依法履行职能，密切人大代表同人民群众的联系，使国家的立法、决策、执行、监督等工作更好地体现人民的意志，维护人民的利益。尊重和保障人权，保证人民依法享有广泛的权利和自由。

（2）党的依法执政是保证社会主义民主决策的要求。民主除了社会制度意义的，还有决策意义的。现代民主要求我们坚持少数服从多数的原则，这是坚定不移的原则。同时，我们还要坚持尊重和保护少数，尊重和保护反对者的原则。这是确保我们的民主长期有效、永远被坚持的需要。

（3）党的依法执政是保证社会主义基层民主的要求。我们要不断扩大基层民主，完善基层政权、基层群众性自治组织、企事业单位的民主管理制度，坚持和完善政务公开、厂务公开、村务公开等办事公开制度，保证基层群众依法行使选举权、知情权、参与权、监督权等民主权利。这些方面无一不需要我们加强法制建设，并切实依法办事。

3.建设先进文化的要求

（1）提高依法执政能力是解放和发展文化生产力的要求。一谈到生产力，我们想到的就是物质生产力。其实就生产力而言，包含着物质生产力和精神文化生产力两个方面。满足人民的物质需求固然重要，但是满足人民日益增长的文化需求也非常重要。满足人民群众的精神文化需求和促进人的全面发展，始终是我们的文化发展的目标。现在我们的文化生产力还有一个调动积极性、发展生产力的问题。文化市场的活跃和规范，是一个两难的问题。我们要促进文化事业的全面繁荣和文化产业的快速发展，增强我国文化的总体实力，我们就必须以体制创新为重点，增强微观活力，健全文化市场体系，依法加强管理。

（2）提高依法执政能力是发展社会主义科教事业的要求。教育和科技在我国的现代化建设中具有基础性、先导性和全局性的作用。发展教育和科技事业是我们必须重视的，但是我们在这方面的法治建设还十分薄弱。首先是立法少，其次是有法难依和有法不依，这需要引起我们的高度重视。

（3）提高依法执政能力是抵制不良文化的现实要求。我国目前的不良文化主要是两个方面：一个是封建文化的残余，另一个是资本主义的文化侵蚀。从文化层面来说，清除封建残余将是一个长期的过程，抵御资本主义文化的侵蚀也同样是一个长期的过程。在现实社会中，西方资本主义对于我们的文化渗透是十分明显的。我们不能闭关锁国，也不能无动于衷。我们最好的办法就是拿起法律的武器，依法管理文化建设和文化市场，对不良文化依法处置。

4.构建和谐社会的要求

（1）增强创造活力。和谐的社会是稳定的，是各种因素能得到良好运转的社会，但是和谐社会并不是僵化的社会，也不是停滞不前的社会，而是充满活力、饱含生机的社会。这个社会的创造活力的有无与多少，直接制约着发展的状况与进程。

和谐社会的动力在于发展。发展才是硬道理，对于生产力来说，这是不可辩驳的真理。没有发展，社会就失去了前途，就失去了走向未来的可能。社会的良好发展必然要依赖各种因素或元素作用的充分发挥。各种因素或元素是否具有活力，是作为整体的社会是否能够发展的基本前提。这种活力绝对不是一种故步自封或举步维艰，它需要具有创造的性质、开拓的性质、自我增长生命能力的性质。只有充满活力的因素和元素产生着效用，社会的整体才会因此而获得进步与发展。

增强创造活力，是构建和谐社会的动力源泉。任何事物都有产生发展的过程。要使发展成为无限延展的过程，就必须获得发展的动力。没有新动力随时予以补充和支撑的事物终究难免走向衰落。社会发展也是同样的。要使一个社会不停地发展和具有无限的未来，找到并依靠其动力源泉就是最为重要的。能够为社会提供无限发展动力的，是一个社会的创造活力。增强创造活力如果能确实地被作为一个社会发展的基础和依据，这个社会就能在不断的发展中又赢得不断发展的动力，而一往无前。

（2）解决社会矛盾。社会矛盾是客观存在的。面对人类社会的重重矛盾，我们一是尽力使其少发生；二是使其尽快得以解决。这是我们对待社会矛盾最基本的正确态度。我们要构建的和谐社会，也应是社会矛盾较少发生或发生之后能够得到有效解决的社会。

社会矛盾是阻碍社会发展的因素，社会矛盾的累加不但会减缓社会发展的速度，而且也会形成社会的破坏力量。社会矛盾的存在及其冲突往往导致社会的分裂，甚至对抗。分裂与对抗的社会，当然不是和谐的社会。社会为了消除已经产生的社会矛盾就会消耗必要的社会成本，付出必要的社会代价。通过这些社会成本或代价的付出，社会矛盾解决了，社会当然赢得了继续发展的机会。但是，这些成本和代价本身就是以减缓社会发展的速度作为牺牲的。

社会矛盾的解决方式有很多，有道德的方式、政治的方式，也有法律的方式。我们不可以否认道德方式、政治方式的作用，但是我们必须清楚地认识到，在众多的解决方式之中，唯有法律的方式最具有外在的强制意义。只有法律的解决方式，才具有迫使人们不得不服从的性质。用任何方式来解决社会矛盾都是可以的，但是这些方式中断然不可缺少法律的方式，所有方式都必须在法律的范围内加以适用，并不得与法律相冲突、相对立。

依法执政就是要有效地防止社会矛盾和有效地化解社会矛盾，推进和谐社会的建立，并推进和谐社会的发展。对于依法执政来说，过多过大的社会矛盾必然会影响依法执政的推行。社会矛盾总是难免涉及这样那样的违法甚至犯罪，违法犯罪的存在就会成为执政的威胁。对社会矛盾的有效控制，既是依法执政的前提，又是依法执政的目标，不能将其与依法执政割裂开来。构建和谐社会，依法执政是其必然的要求，减少和消除社会矛盾是其内在的基本方面。

上访可以说是中国独特的社会现象，这一现象的产生具有历史的、文化的、政治的等多种因素。有人说它就是社会矛盾，而且是极为重大的社会矛盾。这种认识是有一定的道理的。但是，如果仅仅认识到这个层面是不彻底的，因为上访本身还是社会矛盾的体现。上访的诱因才是第一层面的社会矛盾。相对于上访的诱因来说，上访是第二位的社会矛盾。说到作为上访诱因的社会矛盾，那是更为复杂的社会存在，我们必须重视社会矛盾的源头治理，有效减少矛盾发生。

（3）创新社会管理体制。创新社会管理体制，是我国面临的重要任务。我们要完善社会管理体系和政策法规，整合社会管理资源，完善党委领导、政府负责、民主协商、社会协同、公众参与、法治保障、科技支撑的社会治理体系。更新管理理念，创新管理方式，拓宽服务领域，发挥基层党组织和共产党员服务群众、凝聚人心的作用，发挥城乡基层自治组织协调利益、化解矛盾、排忧解难的作用，发挥社团、行业组织和社会中介组织提供服务、反映诉求、规范行为的作用，形成社会管理和社会服务的合力。健全社会保险、社会救助、社会福利和慈善事业相衔接的社会保障体系。加强和改进对各类社会组织的管理和监督。社会管理体制的创新离不开我们党的依法执政。

（4）维护社会稳定。我们要建立社会舆情汇集和分析机制，畅通社情民意反映渠道。建立健全社会预警体系，形成统一指挥、功能齐全、反应灵敏、运转高效的应急机制，提高保障公共安全和处置突发事件的能力。充分发挥司法机关惩治犯罪、化解矛盾和维护稳定的职能作用。做到打防结合、预防为主，专群结合、依靠群众，不断加强和完善社会治安综合治理工作机制，依法打击各种犯罪活动以切实保障人民群众的生命财产安全。这些都需要我们熟练地运用法律的手段，严格依法办事。只有这样，我们才能真正为党分忧，确保我们党执政下的中国长治久安。

5.处理国际事务的要求

在复杂多变的国际形势下，党要领导人民抓住机遇、应对挑战，实现全面建成小康社会的宏伟目标，为维护世界和平与促进共同发展作出贡献，必须正确应对国际局势，妥善处理国际事务和国际关系，争取良好的国际环境和周边环境。进一步全面认识和把握国际因素对我国的影响，不断提高同国际社会交往的本领。我们要全面分析和妥善应对来自外部环境的机遇和挑战，善于扬长避短，坚持平等互利、共赢共存，充分利用有利因素，积极化解不利因素，努力变挑战为机遇。加快熟悉和善于运用国际规则和国际惯例，积极参与有关国际事务和国际规则的磋商和制定，充分反映合理主张，坚决维护各国人民的共同权益。妥善回应国际社会对我国情况的关注。加强对外宣传工作和文化交流，推动形成有利于我国发展的国际舆论环境。我们需要积极参与国际法治活动，需要运用法律的武器来处理复杂国际的政治、经济、军事法律问题。

三、依法执政的主要措施

（一）党要自觉遵守法律

党要自觉遵守法律，是我国宪法的根本原则。1982年制定的现行宪法明确要求：“一切国家机关和武装力量、各政党和各社会团体、各企业事业组织都必须遵守宪法和法律的范围内活动。”

党要自觉遵守法律，是我们党早在1982年秋召开的党的十二大得出的历史结论。党的十二大修订的党章就明确要求党的组织和全体党员必须在宪法和法律的范围内活动。

依法执政是宪法和党章原则规定的具体化，也是其得以实现的基本方式。党的守法表现为党的组织和党的成员两个方面，都要守法。

（二）党要通过法律执政

党要守法，在守法的同时还要通过法律来执政。党既要严格守法，又要引导法律发展。

在守法的意义上，党的组织和党员面对法律没有任何特权。无论其地位多高，权力多大，都必须在宪法和法律的范围内活动。

在立法的意义上，党必须领导立法发展。党要领导人民，集中人民的意志，党要代表人民，体现人民的意志，将需要制定的法律制定出来，将需要修改的法律作出修改。这里所要强调的，这就是中国共产党依法执政的重要体现，这一切都必须依照法治的方式与程序进行。

（三）党要领导立法发展

党领导立法发展，在形式上就是要通过法定程序向立法机关提出各种立法建议，创制或者修改法律。

党领导立法发展，实质上就是要把党的意志，归根结底是要把人民意志体现为法律。党期待立法体现的意志，直接的是党的意志，根本的是人民意志。

（四）党要监督法律实施

政党监督法律实施是天经地义的。我们的现实问题不是党该不该监督法律实施，而是党应该如何监督法律实施。这是一个极大的难题，也是改革开放以来一直困扰我们的难题。我们要发挥党在法律实施监督上的作用，确保行政机关严格执法、司法机关依法独立行使职权，确保法律得到有效实施。

（本讲稿在2006年为中央党校主体班上课时使用，编入本书时作了部分修订）

第五讲
司法公正问题研究

一、司法公正诠释

讨论司法公正，我们必须弄清司法和公正的含义。

司法是指特定的国家机关——司法机关将法适用于具体的人或事项的国家特殊活动。特定的国家机关是哪个机关？一个时期以来，我们产生了种种误解。新中国成立以后，我们不愿意使用“司法机关”这个似乎是资产阶级概念的词，我们总是习惯地把公检法机关称为专政机关。改革开放以来，随着社会主义法治的发展，我们逐步摒弃了专政机关的概念，司法机关的概念得到了我们的正视，但是对于哪个机关或哪些机关是司法机关，我们产生了各种看法。但是一般认为，最严格意义上的司法机关只是人民法院，在广义上则包括人民法院和人民检察院。当然，实际社会生活中使用的司法机关的外延似乎更大，公检法司都在内。

公正至少可以有两种理解，一是指公平正直，二是指公平正义。“法”本身就有公平正直和公平正义两层含义。我以为二者是一致的，只是所强调的侧重点有所不同。“公平正直”侧重于对行为主体的品质描述，“公平正义”更侧重于对行为意义的社会评价。我以为，这两个方面都是公正的内涵，其实二者并无严格的区别。因为公平正直有利于公平正义，公平正义必然要求公平正直。因此，我要说，司法公正既包括司法的公平正义也包括司法的公平正直之双重含义。

司法公正作为一个整体，既是司法机关包括司法官员的自我要求，也是社会的外在期望。就司法公正而言，在强调司法机关和司法官员的自我要求时，我倾向于理解为公平正直；在强调社会对于司法的要求与评价时，我更倾向于将其理解为公平正义。司法公正具体到司法活动之中，其基本的内容包括：司法的实体符合法律的规定；司法的程序符合法律的规定；司法的实体和程序都符合社会主流的道德准则。

二、司法公正的评价

司法公正的评价具有主观性和多元性等基本的属性。首先是司法公正的评价具有主观性。公正与否的评价毕竟是有关主体的思想结果，它与评价者的素质、评价者的认识、评价者的利益都具有重要而密切的关系。其次是司法公正的评价具有多元性。司法机关与当事人、当事人与当事人、司法机关与司法机关等不同的评价主体，对于同一司法现象都可能会有不同的评价结论。司法公正在评价上的这两大属性，决定了司法公正得到普遍认同的艰巨性，也为司法机关和司法官员提出了特别的公正要求。

（一）评价主体

1. 司法官员

任何司法官员对于自己承办案件的处理方式和结果，应当自认为是公正的，是在自认为公正的基础上作出的。也就是说，法官对于自己所下的裁定或判决，必须具有自我的公正确信。如果司法官员都不能确信自己的裁判是公正的，那么这一裁判结果必然是值得怀疑的，甚至可以说根本就不可能公正。

首先，法官对于案件有着其他人都不具有的对于案情的认识。在民事诉讼中，对于案情的了解，就当事人、律师（包括代理人）和法官三者来说，当事人和律师对于案情的了解都具有片面性，意见也都难免具有倾向性；而法官却可以听取各方当事人的意见，克服各方当事人的片面性。法官是中立的裁判者，案件本身及其裁决结果对于法官没有像当事人或律师那样的利害关系。在刑事诉讼中，控辩双方都置身其中，唯有法官的意见具有中立性的特点。在刑事诉讼中，法官裁判的中立性同样是司法公正的保障。法官不应混淆自己与控辩双方的角色差异。

其次，法官是社会的精英，他们具有或应当具有裁判是非的最高智慧。法官只能是由社会的优秀分子来充任，所以全世界都对法官有特别严格的选任要求。法官独特的智慧和对于人生与社会的深刻把握将是他们公正裁判案件的素质基础。

2. 诉讼当事人

案件当事人对于案件的处理结果至为关心。一个刑事案件的判决能得到被告人的公正评价是不容易的。而一个民事案件要能得到双方当事人的公正评价将更难，因为原告、被告之间的冲突客观存在，而且会影响他们对于法官的客观评价。案件的裁决对于当事人来说，是很难进行客观评价的，因为他们置身事中。然而诉讼当事人最关心案件的审理过程与裁判结果，他们将是率先对司法的公正性质进行评价的人。他们的评价必然会对社会产生影响，并最终影响社会对于司法公正性的评价。

3. 社会大众

社会大众是对司法进行评价的最广泛的主体。社会大众通过舆论、新闻等渠道了解司法进而评价司法，这种评价具有一定的随意性。因为社会大众的评价可能会受到传媒的误导，这是客观的事实，但是最根本的还是司法机关究竟把案件办得怎么样。司法工作，对于司法机关和司法官员来说，是日常事务，但对于当事人和社会大众来说则是不得了的大事。司法机关和司法官员对于案件的处理都必须慎之又慎，不可失去公正。社会大众也往往是根据一个个案件是否被公正裁判的印象得出的结论。

（二）评价客体

1. 司法结果

司法结果，是对司法进行公正性评价的首要的客体。一个案件处理得是否正确，过程固然重要，但结果尤其重要。如果处理程序上有点小问题，只要结果是公正的，当事人也都还能谅解；但如果处理结果不公正，当事人和社会大众都会不满意，就是司法官员自己也会因失之偏颇而感到愧疚。绝大部分上诉、申诉所针对的都是司法结果而非司法过程。

司法结果主要是指司法裁判的结果。这个结果，首先表现为社会道德和法律都否定的行为，是否受到司法裁判的制裁；社会道德和法律都肯定的行为，是否都受到了司法裁判的保护。如果该制裁的都制裁了，该保护的都保护了，我们就可以说司法裁判的结果是公正的。其次表现为制裁与保护的程度是否适当。如果对于应受制裁者的制裁手段和程度是适当的，我们就可以说这个司法结果是公正的；如果对于应受保护者的保护措施和程度是适当的，也同样可以认为，这个司法结果是公正的。

但这并不意味着司法过程不重要。我下面讲的第二个评价客体就是司法过程。

2. 司法过程

司法过程，是司法公正与否的第二个重要的评价客体。没有过程的公正必然没有结果的公正。然而由于传统的原因，我们一向不太重视过程。常常以为程序是次要的，只要有结果的公正就行了，殊不知，没有过程或者程序的公正，就不可能有结果的公正。在司法活动中，处处涉及过程及相应的程序问题。在法庭调查中，法官是否允许各方同等地发表对于证据的意见；在法庭辩论中，法官是否实际赋予了双方同等的辩论权，等等，都可能影响公正。

3. 司法行为

司法行为，同样也是司法公正与否的评价客体，而且是评价的重要客体。司法官员在审理案件中的一颦一笑都会对当事人产生影响。在司法过程中，司法官员如何向双方交代诉讼权利，如何征求双方的意见，如何对每一个证据进行质证，如何作出司法裁决，都是公正与否的评价客体。这些方面也都体现和包含着法官对待双方当事人的态度与对于事实的认识。法官的有意识与无意识的行为，都可能会引起当事人和其他诉讼参与人的反应，从而影响对于其公正与否的评价。

（三）评价标准

1.法律标准与道德标准

对于司法的公正性质进行评价，法律标准是第一位的。作为法律标准，就是看其在实体和程序两个方面是否符合法律的规定；作为道德标准，则往往是看相关法律行为在法律上的被肯定或否定，以及肯定与否定的程度，并以此作为道德评价的依据。

法律评价标准，具有较大的确定性和一致性，道德评价标准具有很大的模糊性和多样性。

2.职业标准与社会标准

职业评价标准是专业人士具有的评价标准，他们使用的是专业的眼光。这种评价又包括职业的有效评价与职业的任意评价。职业的有效评价往往是以裁定或判决的方式来表现的，例如，二审裁定或判决对于一审裁判的评价；职业的任意评价是由专业人士作出的，不具有法律效力的评价。

社会评价标准则是由公众作出的评价，它具有极大的不确定性与多样性，其载体往往根据社会的发展变化而变化。在传统社会中，往往通过舆论、新闻的方式得以表达；在现代社会中，除了新闻舆论的方式之外，还有通过互联网来表达的社会评价。

三、司法公正的制约因素

（一）法律制度

法律制度是否健全直接制约和影响着司法的公正。尤其是在中国这样一个具有成文法传统的国家，法律法规的意义更是不容低估的。在许多时候，只要制度上有的，人们就无话可说。如果是制度上没有的，人们就会怀疑其公正性。而且在法律文件上找不到根据的，法官们常常不敢依照法律的原理和自己的认识来判决，这也就是人民法院拒绝受理许多案件的原因之一。其实拒绝受理是最大的不公正，因为来起诉的人总是觉得自己是权益受到侵犯的人，他们来到法院起诉，目的就是要寻求公正。结果人家一到法院，还没有进门，法院就在接待室把人家拒之门外了，这样人家寻求的公正显然得不到维护。因此，对于人民法院立案范围的许多规定，都是值得我们反思的。

（二）司法官员

1.司法官员的道德修养

司法公正要得以实现，首先依赖的是司法官员，依赖司法官员的品德修养和法律修养。司法官员面对各种诱惑和影响，要做到风雨不动安如山，必须依赖其定力。这种定力来自司法官员自身良好的品德修养和良好的法律修养。

司法官员的品德修养对于司法公正与否是决定性的。没有良好德行的人，一定成不了好法官。人们常常讨论“好人”与“好官”的关系，用以讨论“好人”与“好法官”的关系。可以肯定的是，是好人的，不一定是好法官；不是好人的，一定不是好法官；而好法官必定是好人。这里的“好”首先便是道德意义上的好。没有为人之德的人，必然没有为官之德。司法官员对于法律的忠诚首先取决于其道德水平。越是缺乏道德修养的人就越是胆大妄为，肆无忌惮，没有什么法律他可以因道德的约束而不违反。

司法官员的法律修养，即是司法官员具有的法律知识水平，对于能否公正司法有着重要的影响。作为司法官员应当具有良好的法律知识修养，对于法律有准确的把握。司法官员应当具有良好的法律理论功底和法律制度知识。法官对于法律理论掌握得好与差，对于其司法有着极为重要的影响。目前，一些法官面对缺乏具体法律规定的案件就束手无策，一次又一次地驳回起诉——实际上是因法官的无知而彻底剥夺了原告的诉权，是法官法律理论欠缺的表现和恶果。法官对于法律制度的了解范围与程度也直接影响着司法的状况。法律现象之间并不是孤立的，它们之间相互联系。制度与制度之间也不是截然分离的，恰恰相反，它们是紧密联系的。如果法官对于民事审判、刑事审判、行政审判，乃至执行等法律理论和制度的掌握仅仅局限于自己所从事的审判工作的方面，就必然是欠缺的，他们对自己单一的司法工作就不可能做好。这些人一旦成为领导，在审批各类案件时就只能凭感觉，这样就会严重妨碍司法的科学性，也就无法实现公正司法。

2. 司法官员的业务素质

司法官员的业务素质对于司法具有决定性的影响。再好的法律制度，如果没有良好的司法作为保障，也就失去了应有的意义。影响司法水准的基本因素还是法官的业务素质。

我国法官的知识水平呈现出参差不齐的状态，有的水平很高，有的水平低。就整体而言，素质普遍令人担忧。首先是一般知识的缺乏，其次是专业知识的欠缺。许多法官的裁决文书不堪卒读，连事实和理由都说不清楚，文字粗疏，病句连篇，语义含混。这首先不是一个专业素质的问题，而是一个知识水平、文字功夫的问题。专业知识是需要通过专业教育的训练才能获得的。法官知识的欠缺必然使其难以做到公正。

法官的能力是非常重要的。法官的无能，是影响司法公正的重要原因。纪晓岚在《阅微草堂笔记》中所记述的著名“鬼案”就是一个例子。河间府献县城的东边有一个双塔村，村里有两个老和尚，共住一寺庙中。一天晚上，来了两个老道士借宿，起初和尚不答应，道士说：“佛与道是不同的宗教，但在出家这一点上却是共同的，师父为什么见解如此不广呢？”和尚就把他们留了下来。第二天从早到晚，庙门未开，喊也不答应，村民翻墙进去看，四个人都不见了。奇怪的是，和尚房内没有丢任何东西，道士行囊中的数十两黄金仍在，众人被吓坏了，就向官府报了案。县令粟千钟来勘察，一个牧童就说：“在村南十几里外，枯井之中好像有死人。”县令赶忙去看，四具尸体均在，可是都没有伤痕。县令说：“一件物品都没有少就不是偷盗案件，年龄都大了就不是奸杀案件，邂逅留宿就不可能是仇杀案件，身体没有一点外伤就不是杀害。四个人为什么会同时死亡呢？四具尸体为什么会一起移动？庙门也未开为什么能够出来？离枯井这么远又怎么能够到达？事情实在出于情理之外，我能够审讯人，但鬼没有办法审，而该案无人可审，只有以疑案不了了之。”县令径直以此向上级长官报告，上级官员也没有反驳追问，竟然同意了县令的看法。这个案件真的如县令所言是鬼案吗？我以为不是，其中的疑点实在是太多了。谁发现四个人死了？怎么发现的？村民可以越墙而入，为什么杀人者不能越墙运尸？为什么不可以开门运出尸体再关门越墙而出？牧童怎么知道十几里外的枯井之中有死尸？道士行囊中的黄金究竟有多少，何人知道？数十两黄金尚在，凭什么说就不是谋财害命？身上没有伤，会不会是毒害或窒息死亡？四具尸体，一人搬运固然不易，但数人搬运也未足为难，何以断定是鬼怪所为？县令一个真正问题都没有查问过，这就是县令的无能了。当今的司法官员中有这种平庸之辈吗？肯定是有的。

（三）司法机制

司法机制对于司法公正的影响是至关重要的。在好的机制下坏人做不了坏事，在坏的机制下好人做不了好事。司法机制包括司法机构的设置、司法制度的状况和司法程序的设计等。

司法机构的设置既包括在宏观上的司法机关与其他机构之间形成的政治构架，也包括司法机构内部的组织元素和组织形式。如果司法机构受到的外在约束过多，它就不可能具有独立的品格和独立的人格。司法机构在不自主的情况下要公正司法就只能是美好的愿望而不是现实。

司法制度的设计要具有合理性与科学性。如果制度设计本身不合理，那么就不可能有公正的司法。

（四）客观限制

司法机关所要证明的事实实际上是永远无法完全证明的，其所获得的不过是依赖证据证明的“法律事实”而已。有些真相永远无法知道，因此就会出现失误，使绝对的司法公正不能实现。人类认识的无限性，是从总体上讲的。就每一个案件而言，则未必能完全查明其客观的实际情况。在民事案件中，当事人的举证也无法完全举出所有的证据，有时甚至无法举证。如果因此出现错案，责任当然不在法官，但是就案件本身而言，是没有查明事实的。在刑事案件的处理上，法律对于各个机关办理案件的时间都有严格的期限的规定，司法机关所承担的工作任务也不允许无限地进行审判工作，所以在有限的时空中要完全地了解案件，是不可能的。由于案件本身的复杂性和司法机关的时间限制而不能完全查明案情，显然都会导致司法的失误。

（五）社会意识

社会的公正意识是很重要的，它是司法的外在环境。如果社会的意识是畸形的，即使是公正的司法也会受到不应有的责难。病态的社会意识必将妨碍司法公正。畸形的社会意识是从多个方面影响司法公正的，首先影响的是法官对于案件的认识与评判，这必然会影响法官的裁决；其次是形成不当的社会舆论，构成不良的社会舆论环境，在这种环境下，即使是公正的司法也会被曲解或误解。因此，社会有良好的公正意识就能够在一定程度上促进司法公正。

社会仅有公正意识还不够，还应当有追求司法公正的社会良知与良能。对于不公正的司法，社会应当有足够的舆论监督。社会公众也应当具有为社会公正而奉献自我的精神，至少应当有疾恶如仇的美德和支持弱者的善行，体现在司法上就是要帮助司法机关或司法官员，将维护公正的法律付诸实施，使公正不仅是理想而且是现实。

四、司法公正的促进措施

（一）力行司法改革

我国目前的司法体制已经是非改不可了。审判活动的行政化、司法权力的地方化和法官职业的大众化已经成了司法公正的严重障碍。司法改革是确保司法公正得到实现的途径。我们的现行司法体制是在计划经济和高度行政集权的背景下建立的，在设立的一般基本理念上都存在误区。现实中，一些畸形的司法制度严重地阻碍着司法公正的实现。有许多司法不公正都可以说是制度性原因所导致。对此，我们必须有清醒的认识。要从制度改革抓起，从机制改革入手，从司法官员选拔任用着眼。由于种种原因，我国司法改革总是推进甚慢，远远不能适应市场经济、民主政治和法治发展的需要，更不能满足新形势下社会公正要求。司法公正是中国司法改革的目标。建立起科学的司法体制也就是要建立起能够实现司法公正的司法体制。

（二）确保依法独立

这里所说的“确保依法独立”，是指切实保障司法机关依法独立行使职权，使人民检察院依法独立行使检察权，人民法院依法独立行使审判权。这是司法机关的性质所决定的，也是司法机关的职能所决定的，还是司法机关的责任所要求的，相关的各个方面必须为其提供应有的条件和支持。

司法机关的性质要求确保依法独立。司法机关是国家裁判机关，是针对具体案件的法律适用者。大量的案件都是通过司法而得以裁判的，大量的法律都是通过司法活动而得以实施的。司法机关的裁判结果直接表现为各方的利害得失，直接关系各方当事人的切身利益。作为裁判机关，它必须独立自主地作出自己在法律上的判断，任何外力的不当作用都可能使裁判的天平失去平衡，失去公正。为此，确保司法机关不受非法干预，独立裁判，是实现司法公正的前提条件和重要保证。

司法机关的职能要求确保依法独立。司法机关的职能之一是审判。具体来说，在不同的诉讼中，又是不完全相同的。它要裁判是非、打击犯罪，保护当事人各项合法权益，维护当事人之间的公平正义，进而维护整个社会的公平正义。在刑事诉讼中，它要判定被告人的有罪无罪以及应负的刑事责任；在民事诉讼、行政诉讼中，它要判定当事人之间的是非曲直以及相应的民事或行政责任。司法机关及其工作人员面对的是不同诉求的当事人及其代理人、辩护人，要判定的是当事人的是与非、得与失、罪与非罪。如果非法律的因素介入，或者允许各种力量参与，司法机关及其工作人员就难以实现其司法职能，甚至会走向他们以及整个社会期待的反面，违背司法职能。

司法机关及其工作人员对于司法裁判的结果负有法律上的责任。这种责任是严厉的，也是行为人责任自负的。案件的处理结果当然地影响组织和社会对司法官员的职业评价，影响着司法官员的前途命运。一旦出现了冤假错案，相关人员就要承担应有的错案责任，包括道德、法律乃至刑事责任。在外力干涉下，司法机关及其工作人员作出的不当裁判全部责任都由他们承担，也是不公正的。让司法官员代人受过，同样是不公正的。因此，我们首先应该采取的改革措施不是将错案责任进行分摊，而是要确保司法机关及其工作人员能够依照法律和良知独立裁判。只有让其独立裁判了，才能使其对自己的履职状况、专业修养、廉洁状态、道德良知承担责任。为了体现司法责任上的权责一致，当然会要求尊重司法的独立性，确保司法机关及其工作人员能够依法独立行使职权，也依法承担责任。

要确保依法独立，就必须从制度和实践两个方面为其排除干扰，消除影响公正裁判的因素，使司法机关及其特定工作人员能够根据法律规定，秉持法律精神和职业良知作出公正的裁判。为此，执政党、立法机关、政府乃至相关社会组织都担负着相应的政治、法律、道义上的责任，必须为司法机关依法独立行使职权创造条件，排除妨碍，给予应有的支持和配合。总之，必须确保司法具有依法独立的品格。

（三）实行司法公开

司法公开是司法机关作为国家公权力机关的性质要求。司法权是一种公权力，既然是公权力，就必须公开行使。这是由司法权性质所决定的。司法权如同其他国家权力一样最终都属于人民。如何体现司法的人民性一直是一个重大问题。司法公开是对其人民性的尊重，也是其人民性的体现。既然司法权最终属于人民，就必须让人民知晓、让人民评判。司法公开就是让人民知晓，就是让人民评判的重要方式。它是人民知晓司法、监督司法的重要前提。

司法公开是实现司法公正的重要保障。阳光是最好的防腐剂。司法公开就是让司法置身于阳光之下，接受全社会的检验，让人民来评判，同时也给司法机关及其工作人员应有的压力，并将压力转化为勇于公开的动力。因为只有公正才不怕公开，只有公正才敢于公开。司法公开的普遍推行必然会增强司法机关及其工作人员的使命感、责任感，以于法有据、社会认同的公正裁判彰显司法成效，赢得社会认可。

司法公开是当代世界法治发展的历史潮流。当今世界，司法神秘主义不断式微，甚至为司法公开所取代。传统的秘而不宣的司法过程，日益成为可回溯、可检索、可监督的对象。从20世纪中叶以来，也就是在第二次世界大战之后，各国的司法改革风起云涌。一个重要的改革方向就是推进司法公开，使司法日益成为社会关注的焦点，通过公正的司法维护社会的和平安宁、公平正义，并将这种公平正义昭示天下，警示世人，进而推动法治发展。

现代互联网与高科技的发展为司法公开创造了更好的条件。自从互联网出现以来，人际交流更加复杂，更为丰富多彩。它为世人提供了更多的交流手段、更好的交流平台。各种信息更快速、更广泛地得以传播。这就为司法公开创造了前所未有的条件。我们应该借助互联网平台的优势，推动司法公开，使司法发挥出更好的社会效能，在国家管理和社会治理中发挥出更大的作用。

（四）改善司法环境

司法的内在因素决定着司法的功能与作用，司法的外在环境制约着司法功能与作用的发挥。这种制约作用有时只是一种影响因素，有时甚至会发挥出决定性作用。正如淮南为橘，淮北为枳，并非其内因所致，而是其环境使然。在司法环境中，最广泛的是相关的社会因素，最直接的是相关的法治环节。

从社会的视角来考察，司法并不是孤立的存在物，它必然受到相关社会因素的影响。司法的外在因素包括政治、经济、文化、道德等各个方面。它们都会作用于司法，并影响司法的过程与结果。从政治上说，在我国，如何处理好执政党与法律的关系，如何实现中国共产党对司法的科学领导一直是现实而重大的问题。在经济上，经济发展是一直制约司法状况的决定性因素。司法活动的经费支持、司法官员的工资待遇、司法机构的设施装备，都与司法状况密切相关。在文化上，传统文化观念等都会作用于司法官员，这种文化的影响是潜移默化的，是隐形而又现实的。司法官员的文化认知、法治精神、司法理念都与文化因素紧密联系，甚至本身就是司法文化的构成部分，都会在司法上有所反映。司法官员的道德意识对于司法过程和结果的影响是不言而喻的，社会公众的道德观念也会影响社会对司法的评价。司法相关社会环境的良性改善，使之更好地满足法治背景下的司法需求，都是重要课题与繁重任务。

从法治本身的环节来讲，司法是与立法、执法、守法相联系的。这三个方面比政治、经济、文化等更多、更直接地影响着司法状况。立法是司法的前置环节，立法上的不科学必然会导致司法上的不公正。如何保证科学立法，是另一个宏大的主题。它不是司法能解决的，但又严重地制约着司法。面对立法的公正与否，司法公正总是第二位的，个别法官的努力难以改变整个制度的不公正。抓好立法公正，实现科学立法，是公正司法的必要前提。再说，执法也对司法有着直接影响。在政府不法治、不守法的法律环境中，司法是无能为力的。不受法律约束的政府必然是司法公正的严重局限，甚至就是法治的破坏力量。过多的行政违法必然使司法不堪重负，也会使司法公正大打折扣。至于守法与司法的联系，同样异常紧密。在一个人人守法的社会中，司法的运行必然更加顺畅，需要司法处理解决的纠纷必然大大减少，减轻司法的工作压力。司法必然更具有权威，司法官员更能得到社会的尊重，享有更多的职业荣誉感，具有更高的职业满意度。司法裁判也必将更为公众所接受，更能得到当事人的自觉执行和相关主体的配合支持。

改善司法环境是一个庞大的、长期的法治工程，需要各个方面持之以恒地不懈努力。良好的司法环境是司法改革顺利推进的重要条件，也是司法公正得以实现的重要保障。

（本讲稿在中央党校2004年秋季学期为主体班学员讲课时使用，编入本书时作了部分修订）

第六讲

司法改革的理论与实践

一、司法概念的种种理解

何谓司法？司法是指司法机关运用或实现国家司法权的活动。我国关于司法概念的理论主要有三种，分别为“四权理论”“三权理论”和“两权理论”。

（一）“四权理论”

“四权理论”也被有的学者称为“大司法理论”，它是我国在20世纪中叶到90年代初期对司法占主流地位的基本认识。这种理论认为：

司法是人民法院、人民检察院、公安机关和司法行政机关运用和实现司法权的活动。司法权包括审判权、检察权、侦查权和司法行政权4种权力。即人民法院是国家的审判机关，行使国家审判权；人民检察院是国家的法律监督机关，行使国家检察权；公安机关和国家安全机关是国家的治安保卫机关，行使国家的侦查权；司法行政机关属于国家与司法紧密联系的机关，主管监狱、公证、律师、人民调解等司法行政事宜，行使国家司法行政权。

从司法权的范围着眼，司法制度就是指审判机关、检察机关、侦查机关、司法行政机关在办理案件过程中行使国家司法权的制度。其中包含着审判制度、检察制度、侦查制度、劳改制度、劳教制度、人民调解制度、仲裁制度、律师制度和公证制度等。

司法人员则是指在上述机关从事司法工作行使司法权的人员。他们包括审判人员、检察人员、侦查人员、监管人犯的人员，以及律师、公证员等。

在20世纪90年代及其以前，这种认识为我国法学界所普遍公认，并得到了我国第一部刑法的认可。1979年刑法第八十四条就明确规定："本法所说的司法人员是指有侦讯、检察、审判、监管人犯职务的人员。"而且这一规定，在1997年修改后的刑法中完全予以保留。[①]

对于"四权理论"，我国对有关问题进行专门研究的学者得出了这样的基本认识，"'大司法理论'从其诞生之日起，在我国绵延存续了长达近半个世纪之久，对我国的法学理论和司法实践产生了深远的影响。虽然'大司法理论'在我国目前已经基本丧失了理论上的主导地位，其作为一个理论形态也已经成为历史，但是，建立在这种理论基础之上的思维模式和传统观念却仍然深深地残留在人们的脑海之中。我国后来提出的其他司法理论观点，实际上是建立在'大司法理论'基础之上的，或者说是'大司法理论'的一种演变形态"[②]。

（二）"三权理论"

"三权理论"的意识出现较早，但较为系统的概念是在20世纪80

① 1997年修订的《中华人民共和国刑法》第九十四条规定："本法所称司法工作人员，是指有侦查、检察、审判、监管职责的工作人员。"
② 张卫平等：《司法改革：分析与展开》，法律出版社2003年版，第84—85页。

年代提出的。它所指的司法权，包括公安机关、人民法院、人民检察院三个国家机关在司法活动中代表国家行使的权力，即包括侦查权、审判权和检察权三种权力。在这种理论看来，国家司法机关仅仅是公安机关、人民检察院和人民法院三个。

“三权理论”缩小了司法的范围，司法的含义大大简明了，将律师、公证、仲裁、调解都排除在了司法之外。但是这一理论并没有得到法学界的普遍承认和响应，它只是以有此一说的状态，在中国法学理论中出现过，存在着。

“三权理论”在实质上并没有给中国司法改革带来更多的东西，它具有“四权理论”同样的弊端。由于它仅仅是对“四权理论”的技术性的或数量性的改变，没有结构意义上的变化，所以它无法形成对“四权理论”的实质性挑战。在占据绝对优势的“四权理论”之下，“三权理论”没有产生实质的影响，也没有转化为法学界的共识。

（三）“两权理论”

“两权理论”是20世纪90年代出现的，现已是被普遍接受的理论。“两权理论”是指司法权包括审判权和检察权的理论。依照这种理论，司法机关也仅仅局限于人民法院和人民检察院这两个机关，司法制度也被定义在审判制度和检察制度两个方面。

“两权理论”一出来就立即得到了法学界的普遍认可，一时间成为法学界的主流认识，将“四权理论”取而代之。它以“四权理论”过于宽泛的范围作为自己挑战的对象，比“三权理论”更进一步缩小了司法的范围，使司法权更具有和凸显了专属性质。

“两权理论”在理论界虽然获得了广泛认可，但也有严重的理论缺陷，这些缺陷是集中在人民检察院的职能上的。首先，人民检察院拥有的是公诉权，严格地说公诉权不是司法权。因为公诉权是与自诉权并列，与辩护权相对应而存在的。法院拥有的才是居于公诉权和辩护权之上的裁判权，只有人民法院的裁判权才具有完全的司法意义。其次，人民检察院的侦查权应当归入行政权的范畴。人民检察院的侦查权与公安机关的侦查权没有严格的区别。既然没有严格的区别，侦查权在检察院就是司法权，在公安机关就是行政权，这是没有道理的。最后，人民检察院还拥有法律监督权，一方面，检察院的监督权是立足于司法权之上的，它要对司法权进行监督，从这个意义上讲，它显然已超出了司法权的范畴；另一方面，监督权又是由与辩护权对抗的、行使公诉权的人民检察院来行使的。人民检察院的公诉与被告人的辩护是并行的，而且还要听从人民法院法庭的指挥，那么它又怎么可以实现对于包括人民法院在内的监督呢？这是监督权没有得到科学的行使，还是监督权设置上就出了问题？这是我们进行司法改革时必须考虑的。

二、如何认识司法改革

（一）司法改革是法律改革的重要内容

法是由国家制定或认可的，并由国家强制力保障实施的行为规则的总和。可将法定义为：体现为国家意志的，并由国家强制力保障实施的，以权利义务为主要内容的行为规则的总和。其实这些定义的内容都定义的是制度或规范意义上的法，从广义上讲，法还应当包括现实社会生活中的法和人们观念中的法。如果从法的广义上讲，制度上的法不过是法的主要部分，或者是最具有确定性的部分。

中国社会所要进行的改革，当然包括对法律进行的改革在内。而法律改革又不应当仅仅局限在制度或规范的法的含义上，要对于整个法或法律进行改革，司法就成为极为重要的内容。因为，没有司法，法就只能是制度意义上的法或观念意义上的法，而不包括现实中的法，这显然不是法的全部内容。只对制度或规范意义上的法进行改革，现实社会生活很难有真正的改变，这样的法律改革也会因缺乏实在的意义而减损其应有的效用。

要对于制度形态的法进行改革，对于观念形态的法进行改革，但这是远远不够的。更根本的是要改革现实中的法，要使制度形态的法和观念形态的法都转化为现实中的法就必须依赖司法。是司法使制度和观念成为现实，那么要改革法律就必须对司法进行改革。司法改革是法律改革的重要内容。

（二）司法改革是法治建设的基本方面

法治与非法治是根本对立的。它们是两种不同的治国方略，不同的社会管理方式、社会活动方式与社会秩序状态，也是两种不同的法律运作方式。其中，法律具有不同的地位和作用。在非法治状态下，司法不过是权力的组成部分，而且是为权力服务的，法律及其司法都不过是权力的工具，而且是可有可无的工具。

法治本身就包括立法、执法、司法、守法、法律监督等方面。中国要建设法治，甚至要建设法治国家就必须对既有的司法进行根本的改革。法治所需要的司法状况必然不是以前历史上的那种非法治状况下的司法。现在中国社会已经启动了法治建设，在法治建设中就必然要对司法进行改革。也就是说，法治状态下的司法必然不同于非法治状态下的司法，从非法治状态向法治状态的变革必然要求进行相应的法治化的司法改革。

（三）司法改革是社会发展的必然要求

历史上法律在社会生活中的地位并不高，在社会中发挥的实际作用也极为有限。但是到了现在，中国的社会已经发生了重大变化，社会对于司法的要求也发生了根本性变化。

首先，人们的社会生活对于法律的要求逐步增强，亟须司法予以满足。以前人们的社会交往相对较少，社会关系也较简单，但随着市场经济的发展，人们之间的经济关系得到了空前的发展，大量的经济交往，必然会产生大量的经济纠纷。这些纠纷，如果得不到及时有效的解决，就可能影响经济的正常推进，也会影响当事人的正常社会生活。原有的任何非司法的纠纷解决机制都无法适应经济和社会发展的客观需要。原来偶一为之的司法裁决，将成为解决社会矛盾的主要手段。因此，对于既有的司法就必须进行改革，否则就无法适应社会生活的发展需要。

其次，以前的纠纷解决系统逐步失灵，亟须强化司法以化解社会矛盾。以前有严格的行政管理系统，人们之间的纠葛并不需要通过法律途径加以解决，因为每个人都归属于自己的社会组织系统，自己不过是某个强大、牢固的组织系统中的一员而已。每一个人无不被确定地定位在一个坐标点上。一旦发生纠纷，如果双方是同一个单位或组织的，首先就是所在单位或组织的领导出面解决、协调。如果不是同一个单位或组织的，单位与组织之间还会共同协调和解决。但是现在情况就大不一样了。原有的组织系统逐步退出了纠纷解决的领域，至少不再是主要裁决机构和最终裁决机构。人们对于法律的依赖逐步增强。婚姻问题、父母子女关系问题、继承问题、住房问题、借贷问题等，这些问题有可能是有关单位和组织不愿解决的，有可能是有关单位无力解决的，也有可能是由于各种原因而找不到单位或者组织解决的，这时司法的地位和作用就得以凸显和特别的强调。

再次，中国社会的经济基础已经发生了重大变化，作为上层建筑的司法也必然要适应这一发展的需要进行改革。自“文化大革命”结束以来，中国的经济基础发生了翻天覆地的变化，从严格的计划经济，到有计划的商品经济，再到市场经济，中国经济经历了巨大的历史变革。经济基础发生了变化，就必然要求与之相适应的上层建筑进行变化。而我们现有的司法基本上还是在以前计划经济模式上构筑的，虽然有所改革，但是基本格局与框架还是历史延续的结果。这种司法状况与经济基础的状况是不相适应的，有时甚至是对立的。这时我们只有改革司法才能使先进的经济基础应因先进的司法而顺利发展。

最后，中国民众的法律意识已经得到了普遍的增强，经过普法，民众的法律意识有了很大的提高。落后的司法不改革，就无法适应人们对于法律的主观要求。

（四）司法改革是政治改革的重要内容

目前，我国的经济体制改革已经在向纵深发展，只有经济体制改革的发展，而没有政治体制改革的稳步跟进，显然是不行的。政治体制改革从何处着手？经过一个时期的发展，实践表明，司法改革的确是一个值得一试的启动点。主要原因如下：

司法对于社会分配的公正具有重要的保障意义。一个时期以来的市场经济发展改革中长期的分配模式，也出现了一些不当的利益分配方式和分配结果。其中既包括正常的发家致富，也包括官员的以权谋私和一般公民的非法敛财。以权谋私包括贪污、受贿、挪用公款、公款消费，等等，引发了全社会对于分配机制的责难。运用什么方式能够使分配正常化？法律。唯有法律化的分配方式才能使人们具有公平的感觉，唯有法律化的分配方式，才能校正社会不当的分配结果，对畸形分配予以调整。

司法是人们在空头政治被淡化后的重要政治领域。以前人们的政治观念十分强烈，随着经济建设被特别的强调，整个社会逐步进入了务实状态之中。人们对于政治的评价，由以前的口号式政治转向了社会生活中的政治。中国社会比历史上任何时代都更加强调法律的作用，法律已成为社会生活的重要内容，于是人们对于法律的重视也就成为人们对于政治关心的重要内容。

随着法制和法治被日益重视，司法必将成为社会更加关注的政治焦点。自“文化大革命”结束以来，中国共产党和中国社会都在不遗余力地宣传和推行法制与法治，以至于到现在，依法治国，建设社会主义法治国家被作为一种社会理想和现实目标写进了宪法和法律之中。当你强调法制时，人们会问你法制实施得怎么样？法的实施主要的内容就是司法。与法制相比较，法治更是一种社会状态。它是怎么成为社会状态的？其中一个重要的桥梁就是司法。没有司法，法治建设将无所作为。

司法改革在所有的改革中具有政治性很强、风险性很小的特征。

法律对于一个社会的政治架构与政治运作的影响是不言而喻的。一个国家的基本制度、社会制度、国家机构、公民的基本权利，民事、商事、刑事的纠纷与矛盾无不有赖法律的调整，并经司法得以实现。法律、司法对于一个社会的政治、经济、文化的影响是重大的。法律、司法在本质上都是社会的稳定力量。法律改革及其司法改革都倾向于社会的秩序化，而不是社会的动乱或者动荡。其他任何改革都不具有司法改革的这一优越性质。中国目前的改革就是应当在稳定中进行和完成的，否则就可能使我们的改革事业被摧毁，甚至使我们既有的基础也受到破坏。中国是既要改革，又不能发生动乱或者动荡的一个国家，法律改革既能满足这一要求，同时它又涉及全局，具有由法而社会的特征，所以，在政治改革推进到一定程度时，推出法律改革包括司法改革也就顺理成章。

三、司法的问题与改革的目标

司法改革的问题和目标是一体两面的关系，综观这两个方面，司法改革将从司法不独立到司法独立、从司法不公开到司法公开、从司法无权威到司法权威、从司法难公正到司法公正的路径，最终实现司法独立、司法公开、司法权威、司法公正的目标。

（一）从司法不独立到依法独立

保障司法的独立性是世界法治发展到现阶段的普遍要求。现代国际社会的众多国际条约都规定了司法独立的法治原则。1948年《世界人权宣言》第十条，1966年《公民权利和政治权利国际公约》第十四条，都规定了司法独立的原则。1985年联合国第七次防止犯罪与犯人待遇大会专门通过了《关于司法机关独立的基本原则》。该文件明确规定："各国应保证司法机关的独立，并将此项原则正式载入其本国的宪法或法律之中。尊重并遵守司法机关的独立，是各国政府机构及其他机构的职责。"1993年第二次世界人权大会一致通过的《维也纳宣言和行动纲领》，将司法独立列为实现人权和可持续发展的重要条件。到现在，世界各国都在宪法和法律中规定了司法独立的基本原则。司法独立成为人类法治文明的共同成果。

关于司法的独立性问题，我国宪法和法律中均有相关规定。中国社会司法的依法独立主要受以下因素的影响：

司法受到严重的行政干预。首先，我国政府系统都有主管政法的行政官员，这些行政官员一旦不能进行有效的自我约束，就可能在有意无意之中干预司法。其次，政府系统掌管着司法机关的财政大权，司法机构很难对行政机关进行司法监督。最后，政府官员中存在以干预司法为政绩的思想观念与实际状况。

司法受到个别领导干部与社团组织干预。中国共产党的领导是司法必须坚持的，但党的领导有一个如何科学领导的问题，必须防止个别领导干部出于个人目的插手个别案件和司法活动。有的地方，司法会受到个别党的干部的不当干预。此外，司法也受到民主党派和其他社会团体，如工会、妇联等的不当干预。

司法受到个别人大代表的不当干预。人大对于司法的监督是必须的，甚至在一定意义上，人大的干预也未必错误，但在不当的个别人大代表的干预之下，司法难以依法独立也是客观事实。现在个别人大代表或领导对于案件的直接指挥，影响司法机关的自主裁决；人大个别代表深入案件具体审判的个案监督在个别地方已经演化成为法院的“第三审”。

司法受到不当的新闻舆论干预。新闻舆论的监督是必要的，但是新闻舆论的监督不是干预。它不能对法院的裁决进行引导，使司法跟着新闻舆论走。司法机关应当严格以事实为根据，以法律为准绳，不断提高自身的素质，只有自身素质提高了才可能面对那种莫衷一是的新闻舆论局面，从而固守司法的自我，维护和确保法律的尊严。

（二）从司法不公开到司法公开

司法不公开在现实社会中表现得十分突出，司法过程中存在着“暗箱操作”现象。在刑事诉讼中，嫌疑人一旦被采取强制措施，其权利就很难得到保障，更不用说其沉默的权利了。案件何以从公安机关移送检察机关，又何以从检察机关移送到人民法院，其过程当事人不知道，其亲属更不知道。开庭时，明为公开审理，实际上法院常常以各种理由拒绝或限制公民的旁听，而且假借各种理由阻止或逃避新闻机构的舆论监督。至于从开庭到判决下达之间的过程，更是无人知晓。直到现在人民法院还把公开审理作为司法改革的重要内容，正是说明中国司法神秘主义影响之深远。在民事诉讼中，何时开庭，何时作出裁决，庭审到判决的过程如何，其间是否经过审判委员会，等等，当事人都很难知晓。

司法不公开是源于传统的司法神秘主义。司法如果是“神判”当然具有不可知性。中国传统文化中就有临事制刑、威不可测的司法传统，其中饱含着司法神秘主义的精神。但这正是中国社会司法专制与司法专横的表现。作为现代司法，公开性已经成为其公正性的客观保障，我们有充分的理由要求司法是公开的。

有许多人还认为公开审判等是一项重大的改革措施，还要慢慢来。其实它是早在中华人民共和国成立初期的《中国人民政治协商会议共同纲领》和第一部宪法中就对人民作出的承诺。在法治建设中，我们必须对人民兑现承诺。通过改革开放以来的司法体制改革，尤其是在新的历史时期，司法公开的推行作为司法体制改革的重要措施，取得了前所未有的一系列重大成就。

（三）从司法无权威到司法权威

司法是神圣的。司法本身应当是有权威的。从法律制度来讲，法是国家意志，具有国家强制力，当然具有权威性。司法机关本身也就是国家强制机关，怎么会无权威呢？然而事实上，司法的确无权威。

司法无权威的一个重要原因和重要表现是司法活动可以被许多组织和个人所支配，可以为社会舆论所左右，没有真正的司法独立。在司法不独立的背景下，寻求司法权威只能是幻想。能够左右司法者会藐视司法，不能左右司法者也同样会轻视司法，而司法则会在这种藐视与轻视中丧失权威。司法无权威的另一个重要原因和重要表现是司法裁决得不到有效执行。现在人民法院的裁决得不到执行的现象非常普遍，虽然经过很多努力情况有所好转，但问题依然非常严重。人民法院的裁决如同白条，无法兑现，尤其是在民事、经济的审判方面，应当受到法律处罚的人可以逃脱法律的处罚，应当承担法律责任的人可以逃避法律责任。在这种情形下，司法绝对不可能有什么权威。司法无权威的再一个重要原因和重要表现是司法机关存在执行观念淡漠、执行力量薄弱的问题。当然，司法无权威也还与司法的公正性等存在内在的联系，后面我们还将进一步探讨司法公正的问题。

针对司法无权威的实际情况，我们应当着力重塑司法权威，从司法体制、司法组织、司法官员、司法过程等各个方面努力，使司法机关成为人们敬畏的权威机构。

（四）从司法难公正到司法公正

司法公正是人们对于司法程序和结果公平正义性质的要求与评价。谈到司法不公，人们总是责难种种。

我们的司法组织中的确有一批兢兢业业的司法官员，他们辛勤劳作，而不被社会所理解，甚至往往还被社会所误解、曲解。但司法组织中也有一定数量的司法官员滥竽充数、玩忽职守。

我们司法官员的素质参差不齐。有的司法官员十分优秀，有的司法官员是办了错案都不知道。

人们对司法的公正性要求，远比对于其他任何方面的要求都高。原因就在于：人们对于司法的公正冀望很高。法本身就是公正的化身或者公正的代名词，而司法本身理所当然就应当将法定的“公正”现实化，因此人们总赋予司法很高的“公正”期望。一旦司法腐败导致司法不公，它就自然会被千夫所指。

司法公正的评价者有三个，即司法官员、当事人和社会公众。具体说来，一是司法官员的自我确信。司法官员对于自己经手的案件，对于自己的司法行为，必须首先具有内心的确信，确信自己是公正的；否则连自己都不相信自己的裁决，就必然会产生问题。二是当事人的主观认识。当事人对于司法的评价，当然会有比较个体化、欠缺公允性的问题，但是当事人的评价又是特别重要的，尽管各方当事人都满意的裁决是很少的。三是社会公众的普遍认同。社会公众对于司法公正的普遍认同是一个总体的评价，它具有概括的性质。它不是某一个案件的处理过程或其结果的反映，而是一系列司法活动给人们的一个总的印象，也是人们对于司法的社会化结论。

司法公正的评价对象，一是司法程序，二是司法结果，三是司法行为。这三个方面的任何一个方面都可能导致司法不公的结论产生。司法程序的错误会是十分肯定的错误，它本身可能就是不公正的产物，常常会导致不公正的司法结果的产生，一些认为程序无所谓的观点显然是极为错误的。司法结果往往比程序更令当事人关注。司法官员对于司法结果负有重要的责任，是公正与否的本质性决定因素。司法行为，是司法官员在司法过程中的行为，它对于当事人和社会都具有重要的影响。严格依法办事，坚持法治原则，应贯彻在司法官员的司法活动的每一个行为之中。这也就对司法官员提出了特别的要求，司法官员的本质也决定他必须做到司法公正。

四、对司法改革的整体性思考

（一）构成要素改革与整体结构改革相结合

要素对于任何事物都有基础的意义。任何事物都是由一定要素构成的，没有要素，事物就没有存在的基础。进行司法改革，当然必须对司法的要素进行改革。然而，结构对于整体意义是不容低估的，它往往影响着整体作用的发挥，影响着每一个要素的作用。如果我们不重视结构及其整体的改变，而仅仅着眼于要素，就可能犯一叶障目、不见泰山的错误。任何改革如果只有个别要素的改革而没有结构的变化，都是难以持久的。随着时间的推移，已经被改革的要素又会因结构的限制和驱使而回复到改革前的境地，使改革归于失败。对此，我们必须有清楚的认识。在历史上，司法改革并不是现在才提出、才进行的，实际上对于中国司法改革的探索，可以说是早已在进行之中，但效果一直不尽如人意，甚至被理解为没有进行过任何改革。这恰恰是中国以前的司法改革重点在要素改革而忽视了结构改革的原因所致。在新的司法改革中，我们必须首重结构改革并将结构改革与要素改革相结合。

整体大于部分之和。这里的整体显然是指具有良好结构之整体，部分之和是指部分的简单相加。一支配合良好的军队远比一支没有良好配合的庞大的军队具有更强的战斗力。一种结构良好的司法状态，远比各个要素尚且不错而缺乏良好结构的司法状态有效、有力得多。这是我们正在进行的司法改革所必须解决的方法论上的认识问题。既要重视各个要素，也要重视各个要素之间的组合形式，使各个要素都在一个良好的结构体系中运行，发挥出最好的作用。

司法是由司法官员、司法组织、司法过程、司法程序、司法手段等要素构成的。司法改革必然包括司法官员选任、晋升、考评、监督、处罚体制的改革，必然包括司法组织的设置、分工、制约机制的改革，必然包括司法过程的公开化、科学化、效率化，必然包括司法手段的有效化、合理化，等等。这些要素的改革是司法改革的基础和基本内容。我们曾经多次对其中的一个要素或几个要素进行过改革的尝试，有的根本就没有取得成功，有的成功了，经过一段时间又回复到改革之前的状态，使改革成为徒劳。

然而仅有要素的改革是远远不够的，必须有整体的结构改革作为其背景和条件，因为司法改革首先是一个体系改革。司法有其独立完整的体系结构，在司法体制内部，至少有审判机构、检察机构之间的分工与合作的结构问题。在司法体制外部，有司法机构与政党组织之间、司法机构与政府机构之间、司法机构与立法机构之间的关系问题，有司法制度与人事制度、干部制度、财政制度等之间的关系问题。结构得不到改革，而要改革结构的某一个或某几个要素，是无法达到整体改革的目标的。即使在某一个或某几个要素上有所改革，而整体结构没有改革，这些细微的改革很快就会被整体结构所消解，从而化为乌有。在以前中国的司法改革中，就有这么一个教训。我们正在推进的司法改革必须注意将其要素改革与整体结构改革结合起来，只有这样，在变革要素的同时，打破既有结构，实行要素重组，建立新的要素结构关系，司法改革才能取得真正的成功。

（二）内在状况改革与外在环境改革相并重

如果说司法的内在状况是司法作用得以发挥的内因，那么司法的外在环境就是司法作用得以发挥的外因了。我们常说，内因是变化的根据，外因是变化的条件，这并没有什么错误。但是，它往往被人们误解为，内因才是重要的，而外因是次要的，甚至是无足轻重的。这种认识显然是错误的，而且会在实践中导致极为严重的后果。因为，内因与外因之间并没有绝对的决定关系。内因并不能决定外因，也正如外因不能决定内因一样。如果说内因和外因对于特定事物有决定作用，那么可以说，一般是内因起决定作用。但是在内因处于既定的情况下，则是外因起决定作用。没有必要的外因条件，再好的内因也产生不了应有的意义。考察我国现有的司法状况，不能不承认，其在内因上存在问题，在外因上也存在问题，甚至外因在某种情况下，还起着决定性的作用，对司法具有根本的影响。

司法改革第一方面的改革内容当然是司法内在状况的改革，这种状况，包括内在的元素状况与结构状况。从元素角度看，如果认为司法仅仅限于人民法院，那就只有一个元素，如果是两个元素，一是法院，另一是检察院，或一是审判，另一是检察。在法院，法官、陪审员、合议庭、审判庭、审判委员会以及各种审判程序等，都是其内在元素。从结构角度看，可以认为，结构的第一层次是审判机构与检察机构之间的关系；第二层次是审判机构与审判机构之间的关系；第三层次是各个审判机构内部的元素关系。在审判机构内部，包括法官与法官之间的关系，法官与合议庭之间的关系，法官与审判委员会之间的关系，法官与庭长、与院长之间的关系，庭长与院长之间的关系。

司法之外的相关因素就构成了司法的外在环境。司法改革当然要与其外在环境的改革相协调。具体地说，司法是在一定经济、政治、文化、道德、意识背景下存在的，它们构成司法的第一层次的外在环境。司法是与立法、执法、法律监督紧密联系的，它们构成司法的第二层次的外在环境。司法改革是与法制改革，乃至整体的社会改革相并存的，司法的外在环境当然包括外在的社会改革环境，司法改革应当与法制系统改革和社会整体改革相协调。我国所进行的改革是全方位的改革，其中有经济改革、政治改革、科技改革、文化改革、教育改革，等等。司法改革仅仅是社会整体改革的构成部分，仅仅是社会整体改革中法律改革的构成部分。

（三）运行机制改革与监督机制改革相并行

司法改革无非是司法自身运行机制改革和司法监督机制改革这两个方面。这两个方面都不可偏废，而且必须并行。

司法改革的重要方面是司法监督机制的改革。司法监督是多元的，有来自权力机关的监督、新闻媒介的监督、社会舆论的监督等。对于这些监督，法学界有不同的看法，其中歧见颇多。对于那种以司法独立为由而否定这些监督的意义的观点，我是不敢苟同的。我以为，这些监督都是必要的，但在现实中都是有缺陷的。因此，这些监督一方面必须坚持，但另一方面也必须改革和完善。权力机关监督，尤其是对权力机关的个案监督，人们的认识分歧最大。我以为，权力机关对于司法的监督是必要的，只要权力机关——人民代表大会——的性质没有改变，坚持权力机关对于司法的监督就是必不可少的；只要现有的司法机构的素质和水平没有完全达到独立于权力机关的程度，这种监督也是必要的。至于权力机关对司法的个案进行监督，也有其必要性。但是，个案监督不应成为权力机关的日常工作，也不能将个案监督演化为变相司法，否则司法权就得不到应有的尊重和维护。权力机关的监督就可能演变成为立法对于司法的不当干预，或成为第二司法机构，从而影响立法工作的进行。至于新闻监督、舆论监督，都是必要的，它们不是应否存在的问题。它们一是严重不足，二是有些畸形。由于它们严重不足，人们还难以充分认识它们的作用；由于它们有些畸形，人们还可能对其产生误解。我们现在的监督体系中，新闻和舆论的作用没有得到充分的发挥，这是我国司法监督体系的严重缺失。

司法改革的核心是司法运行机制的改革。这种改革就是要使司法运行良性化。对于这种良性化，不同的学者会有不同的认识，但是它至少应当包括司法运行的法治化、有效化、高效化、廉洁化、理性化、公正化等。这是司法改革必须关注的主要内容与基本方面。运行机制比监督机制更为首要和基本。

（四）外求依法独立与内求司法公正相协同

司法改革涉及司法体制内外的两个方面。在内外两个方面都有自己的诉求。司法的内在改革目标是多元的，但最根本的是公正，没有公正，司法就失去了被社会认可的意识基础。司法的权威，当然来自国家的强制保障。但国家强制力仅是外在的，而来自人们内心的确信，才是最深刻、最有力量、最久远的保证。人们内心确信的产生，根源于司法公正。没有司法公正，人们对于司法不仅没有确信可言，甚至会是批判、否定。司法改革必须围绕司法公正来进行。能否实现司法公正将是检验司法改革成败的首要且根本的标准。

从外在方面考察，司法最需要的是依法独立，是不受干扰地实施法律。司法改革和司法公正都必须依赖司法的依法独立。由于司法与相关因素具有千丝万缕的联系，人们有不同的利益，各种因素都将干扰司法，或司法将受到各种因素的干扰，这些都是必然的。面对各种干扰，关键就在于司法能否独立，能否有效地排除干扰。所以，司法改革，必须将司法公正与依法独立结合起来，形成以司法公正作为内在要求，依法独立作为外在条件的司法改革目标。

依法独立是司法公正的条件，司法公正是依法独立的目的。没有公正，依法独立就失去了意义，甚至走向了反面；没有依法独立，公正就没有保障，公正就可能演化为或大或小的偏私。

（本讲稿是2003年秋季为中央党校学员讲授的同题课程，编入本书时作了部分修订）

第七讲

全面推进依法治国

依法治国是党领导人民治理国家的基本方略；全面推进依法治国是我们党确定的新时期的法治任务。2014年10月，党的十八届四中全会审议通过了《中共中央关于全面推进依法治国若干重大问题的决定》。随之，一场声势更为浩大的法治实践在神州大地上演绎，形成了法治发展的时代合奏。

一、全面推进依法治国是时代要求

（一）全面推进依法治国——认识深化的结论

对于依法治国的认识，我们经历了一个曲折的过程。到了21世纪的当下，我们党进一步认识到全面推进依法治国具有极为重要的意义。

一是全面依法治国是中国特色社会主义的本质要求和重要保障。其一，依法治国是人民民主的要求。人民民主是中国特色社会主义的本质和核心，人民民主只有依靠依法治国才能得到切实实现。依法治国是人民民主的实现路径。其二，依法治国是超越资本主义的要求。中国特色社会主义必须超越资本主义，其重要标志之一就是建设比资本主义更加完备的法治。其三，依法治国是典范于其他社会主义国家的要求。许多社会主义国家确立了依法治国的目标，中国的依法治国理当成为社会主义法治建设的典范。

二是全面推进依法治国是国家治理体系和治理能力现代化的必然要求。当前，我们面临着国家治理体系和治理能力现代化的重要任务。从国家治理体系来看，现代国家治理体系必须是法治体系；从国家治理能力来看，法治已经成为国家治理能力的核心元素与根本力量。我们目前推进的全面深化改革，目的正在于实现国家治理体系和治理能力现代化。为此，必须全面推进依法治国。

三是全面推进依法治国事关我们党执政兴国，事关人民幸福安康，事关党和国家长治久安。中国共产党作为执政党，执政兴国是其现实任务和神圣使命。人民幸福安康是中国共产党人的最大愿望，也是人民的现实期盼。谋求党和国家的长治久安，是我国经验结晶，是国泰民安的客观要求。为了达成执政兴国、幸福安康、长治久安三大目标，必须全面推进依法治国。

（二）全面推进依法治国——历史发展的要求

我国的现代法治进程发端于清末，作为思想家和改革家的梁启超先生就对“法治国”作出了自己的诠释，并致力于中国的法治初创。清王朝在自己的最后岁月开始了现代化内容之一的法制变革，开始了中国最初的法治化，遗憾的是它没能成功。随之而来的辛亥革命推翻了清王朝，在中华民国时期，中国的法治建设向前推进，也取得了一些显著的成绩，但是同样没有能够建立起法治国家。1949年中国共产党领导人民创建了社会主义的人民共和国。20世纪50年代，中国法治建设取得了重大成就。遗憾的是又遭受了反右斗争扩大化和“文化大革命”对法治的大破坏。1978年党的十一届三中全会提出发扬社会主义民主，健全社会主义法制。社会主义法治建设重新启航。1997年党的十五大召开，确立了“依法治国，建设社会主义法治国家”的基本方略。1999年第五届全国人民代表大会第二次会议通过宪法修正案确认“依法治国，建设社会主义法治国家”的宪法原则。2002年党的十六大提出全面落实依法治国方略。2007年党的十七大要求加快建设社会主义法治国家。2012年党的十八大提出全面推进依法治国。2014年党的十八届四中全会审议通过了《中共中央关于全面推进依法治国若干重大问题的决定》，确立了建设中国特色社会主义法治体系、建设社会主义法治国家的总目标。2017年党的十九大召开，要求深化全面依法治国实践。全面推进依法治国是社会主义法治发展的历史要求。

（三）全面推进依法治国——战略目标的需要

面对当前的国际国内形势，我们党新的战略目标是经济发展、政治清明、文化昌盛、社会公正、生态良好、和平发展。着眼于目标，就必须去寻找达成目标的路径。路径在哪里？有的人错误地认为，在于抓住阶级斗争的主线。其实，这是根本错误的。因为随着无产阶级革命任务的完成，随着社会主义建设事业的展开，阶级斗争已不再是社会主义社会的主要矛盾。运用阶级斗争来解决建设问题，必然是错误的。为此，我们才全面否定“以阶级斗争为纲”，将全党全国人民的工作重心和注意力转移到经济建设上来，始终立足在以经济建设为中心之上。我们要坚持改革创新，坚持和平发展，坚持建设好党，坚持谦虚谨慎，坚持高举团结旗帜。要实现这一战略目标，就必须更好地发挥法治的引领和规范作用。

（四）全面推进依法治国——现实问题的要求

新中国成立以来，尤其是党的十一届三中全会以来，我国依法治国事业取得了一系列重大成就。我们也面临严峻的现实问题。在立法上表现为，有的法律法规未能全面反映客观规律和人民意愿，其针对性、可操作性不强，立法工作中部门化倾向、争权诿责现象较为突出。立法中的地方保护主义和部门利益法律化成为必须解决的问题。在执法上，有法不依、执法不严、违法不究现象还比较严重。执法体制权责脱节、多头执法、选择性执法现象仍然存在，执法司法不规范、不严格、不透明、不文明现象较为突出，群众对执法司法不公和腐败问题反映强烈。在守法上，一部分社会成员遵法信法守法用法、依法维权意识不强，一些国家工作人员特别是领导干部依法办事观念不强、能力不足，知法犯法、以言代法、以权压法、徇私枉法现象依然存在。这些问题只有通过全面推进依法治国才可能得以有效解决。

二、全面推进依法治国的重大任务

（一）依宪治国——强化宪法实施

坚持依法治国首先要坚持依宪治国，坚持依法执政首先要坚持依宪执政。宪法在治国与执政上的作用不言而喻，我们必须健全宪法实施制度。具体来说，一是要健全宪法解释程序机制，为宪法实施创造条件。二是要加强人民代表大会的备案审查制度和能力建设。要把所有规范性文件纳入备案审查范围，对于违宪违法的规范性文件坚决地依法撤销和纠正。三是推动“12·4”国家宪法日和“宪法宣传周”集中宣传活动制度化。在全社会普遍开展宪法教育，弘扬宪法精神。四是全面落实宪法宣誓制度。通过宣誓制度的实施，强化宪法意识。五是完善合宪性审查制度，确保宪法得到有效实施。

（二）科学立法——完善法律体系

首先，完善立法体制。一要加强党对立法工作的领导，完善党对立法工作中重大问题的决策程序。二要健全有立法权的人大主导立法工作的体制机制，发挥人大及其常委会在立法工作中的主导作用。三要加强和改进政府立法制度建设，完善行政法规、规章制定程序，完善公众参与政府立法机制。重要行政管理法律法规由政府法制机构组织起草。四要明确立法权力边界，从体制机制和工作程序上有效防止部门利益和地方保护主义法律化。

其次，推进民主立法。要加强人大对立法工作的组织协调，健全立法起草、论证、协调、审议机制，健全向下级人大征询立法意见机制，建立基层立法联系点制度，推进立法精细化。要健全立法机关和社会公众沟通机制，开展立法协商，对立法中涉及的重大利益调整设立论证咨询机制。拓宽公民参与立法的途径，凝聚社会共识。健全法律法规规章草案公开征求意见和公众意见采纳情况反馈机制。要完善法律草案表决程序，对重要条款可以单独表决。

再次，加强重点立法。依法保障公民权利，加快完善体现权利公平、机会公平、规则公平的法律制度，实现公民权利内容法治化。保障公民人身权、财产权、基本政治权利等各项权利不受侵犯，保障公民经济、文化、社会等各方面权利得到落实，实现公民权利保障法治化。重点抓住市场经济、民主政治、先进文化、民生保障、国家安全、生态维护等方面的法制建设。

最后，以立法促改革。法律的趋向是稳定和不变；改革的趋向是变革和突变。稳定的法律与突变的改革如何协调，是一个极为困难的问题。自古以来的政治家、改革家都发现并运用了一个法宝，就是变法。通过变革法律制度的方式来实现改革——将新的改革措施制定为法律，将不适应改革需要的法律加以修改，将阻碍改革的法律予以废止，继而通过法律的实施来实现改革的目标。我们要实现立法和改革决策相衔接，做到重大改革措施于法有据、立法主动适应改革和经济社会发展需要，采取法律上的立改废来推进改革发展和适应改革需要。

（三）依法行政——建设法治政府

1.确定法治目标，实现政府职能

法治政府是职能科学、权责法定、执法严明、公开公正、廉洁高效、守法诚信的政府。这一目标需要法律来确认，继而需要法律将其具体化和现实化。为此就必须推进政府在机构、职能、权限、程序上的改革而实现行政责任法定化，推行政府权力清单制度。就政府的法定职权而言，既不可缺位，也不可越位，只能是到位。是否到位的标准就是法律的职权设定与职责要求，也就是法律的具体规定。

2.健全决策机制，推动依法决策

一是要把公众参与、专家论证、风险评估、合法性审查、集体讨

论决定确定为重大行政决策的法定程序。二是要建立行政机关内部的合法性审查机制。凡是未经合法性审查或经审查不合法的重大决策，不得提交会议讨论。三是积极推行政府法律顾问制度。既要设立政府法律顾问，更要让其确实发挥作用。四是建立重大决策终身责任追究制度及责任倒查机制。对决策严重失误或者依法应该及时作出决策但久拖不决造成重大损失、恶劣影响的情形，严格追究行政首长、负有责任的其他领导人员和相关责任人员的法律责任。

3.改革行政执法，着眼体制更新

行政就是执法。人民政府的全部工作就是执行法律、实现法律的规定。针对我国目前的执法状况，首先是推进综合执法，大幅减少市县两级政府执法队伍种类，尽快改变目前队伍杂乱参差的状态。其次是严格实行行政执法人员持证上岗和资格管理制度，彻底纠正临时工执法等畸形现象。最后是严格执行罚缴分离和收支两条线管理制度，严禁收费罚没收入同部门利益直接或者变相挂钩，防止行政执法人员变相贪腐。

4.完善执法程序，确保严格执法

程序对于执法来说是其基本规程，是严格执法的制度保障。首先，通过法律的具体规定，明确具体操作流程，重点规范行政许可、行政处罚、行政强制、行政征收、行政收费、行政检查等执法行为。其次，建立健全行政裁量权基准制度，防止行政权力行使的随意性。细化、量化行政裁量标准，规范裁量范围、种类、幅度。再次，严格执行重大执法决定法制审核制度。最后，要建立执法全过程记录制度，全面落实行政执法责任制。严格执法必须责任保证，没有责任追究就没有严格执法。

5.强化行政监督，确保依法行政

对于行政来说，完备的监督制度是依法行政的制度保证。从行政机构外部来讲，要加强对行政工作的党内监督、人大监督、民主监督、行政监督、司法监督、审计监督、社会监督、舆论监督的制度建设，努力形成科学有效的权力运行制约和监督体系。从行政机构内部来讲，要进一步完善政府内部层级监督和专门监督，改进上级机关对下级机关的监督，建立常态化监督制度。此外，还要进一步完善纠错问责机制，健全责令公开道歉、停职检查、引咎辞职、责令辞职、罢免等问责方式和程序，使问责制度成为依法行政的有力保障。

（四）公正司法——维护公平正义

1.完善依法独立制度

司法机关依法独立行使司法权是对司法机关的基本要求，也是司法机关发挥职能作用的基本要求。必须排除各种干扰，强化司法官员的保护机制。具体说来，要建立领导干部干预司法活动、插手具体案件处理的记录、通报和责任追究制度。对那些干预司法机关办案的，给予党纪政纪处分；造成冤假错案或者其他严重后果的，依法追究刑事责任。建立司法机关内部人员过问案件的记录制度和责任追究制度。迅速建立健全司法人员履行法定职责保护机制。非因法定事由，非经法定程序，不得将法官、检察官调离、辞退或者作出免职、降级等处分。

2.优化司法职权配置

司法机关良好的职权配置，是确保其有效而良好运行的基础。要健全公安机关、检察机关、审判机关、司法行政机关各司其职，将侦查权、检察权、审判权、执行权等各项权力重新配置，对侦查权、羁押场所管理权、逮捕权、公诉权、审判权、执行权、行政事务管理权进行科学分配。重点是要推动实行审判权和执行权相分离的体制改革试点，完善刑罚执行制度，统一刑罚执行体制。改革司法机关人财物管理体制，探索实行法院、检察院司法行政事务管理权和审判权、检察权相分离的体制机制。在司法机关内部，探索职能职权的合理配置，最高人民法院设立巡回法庭，审理跨行政区域重大行政和民商事案件；设立跨行政区划的人民法院和人民检察院，办理跨地区案件。

3.建立严格司法制度

司法机关必须严格地坚持以事实为根据、以法律为准绳。为此，一要制度严格。从制度上确保事实认定符合客观真相、办案结果符合实体公正、办案过程符合程序公正。二要工作严格。明确各类司法人员工作职责、工作流程、工作标准。三要责任严格。实行办案质量终身负责制和错案责任倒查问责制，确保案件处理经得起法律和历史检验。以严格司法促进和提升司法质量，确保司法公正。

4.构建阳光司法机制

推进司法公开，用公开促进，用公开倒逼公正。完善人民陪审员制度，保障公民陪审权利，扩大参审范围。对于陪审员的选择要完善随机抽选方式，提高人民陪审制度的公信度。逐步实行人民陪审员不再审理法律适用问题，只参与审理事实认定问题。加大司法公开力度，构建开放、动态、透明、便民的阳光司法机制，推进审判公开、检务公开、警务公开、狱务公开。依法及时公开执法司法依据、程序、流程、结果和生效法律文书，杜绝“暗箱操作”。充分利用网络手段，建立生效法律文书统一上网和公开查询制度。

5.加强司法人权保障

司法作为一个整体是保障人权的重要手段，在司法过程中也有重要的人权保障问题。要强化诉讼过程中当事人和其他诉讼参与人的知情权、陈述权、辩护辩论权、申请权、申诉权的制度保障；要健全落实罪刑法定、疑罪从无、非法证据排除等法律原则的法律制度。对不服司法机关生效裁判、决定的，逐步实行由律师代理申诉的制度；对聘不起律师的申诉人，纳入法律援助范围予以帮助和救助。

6.加强司法活动监督

司法的独立性与司法的受监督性是并存的。其独立与被监督的制度设计都必须科学，否则就危害匪浅。关于独立问题已经在前面有所论述，从监督来说，我们要完善检察机关行使监督权的法律制度，加强对刑事诉讼、民事诉讼、行政诉讼的法律监督。要重点监督检察机关查办职务犯罪的立案、羁押、扣押冻结财物、起诉等环节的执法活动。规范媒体对案件的报道，既要防止舆论影响司法公正，又要发挥媒体的监督功能促进司法公正。依法规范司法人员与当事人、律师、特殊关系人、中介组织的接触、交往行为。严禁司法人员私下接触当事人及律师、泄露或者为其打探案情、接受吃请或者收受其财物、为律师介绍代理和辩护业务等违法违纪行为，坚决惩治司法掮客行为，防止利益输送。司法必须独立，更必须公正，必须以独立和监督保证公正。

（五）全民守法——构建法治社会

1.树立法治意识

法治意识是法治社会化的思想基础。要坚持把全民普法作为依法治国的基础工作，健全普法宣传教育机制，深入开展法治宣传教育，引导全民自觉守法、遇事找法、解决问题靠法。特别要强调领导干部带头学法、模范守法，牢固树立有权力就有责任、有权利就有义务的观念，这是全社会树立法治意识的关键。完善国家工作人员学法用法制度，把法律列入党委（党组）中心组学习内容。同时加强公民道德建设，增强法治的道德底蕴。要把法治建设与市场经济建设、精神文明建设结合起来，强化规则意识，倡导契约精神，弘扬公序良俗，使法律、经济、道德有机结合，良性互动。

2.推进依法治理

依法治理是依法治国的社会化和具体化。要推进全社会多层次多领域依法治理，其中的系统治理、综合治理、源头治理等都要体现出法治的精神，实现依法治理。各类社会主体要依法自我约束、自我管理，自觉守法。充分发挥市民公约、乡规民约、行业规章、团体章程等社会规范在社会治理中的积极作用，使之成为依法治理的构成部分和必要延伸。充分发挥人民团体和社会组织在法治社会建设中的积极作用，依法妥善处置涉及民族、宗教等因素的社会问题，依法、科学、智慧地构建民族关系和宗教关系。

3.完备法律服务

完备的法律服务是依法治国所必须的。法治政府必须推动完备的法律服务体系建设。这一体系要覆盖城乡居民的公共法律服务领域，重点是完善法律援助制度，健全司法救助体系。党组织、政府、社会组织，都可以参与法律服务工作，使法律服务网络全覆盖、无遗漏，成为社会安全稳定的保障机制。

4.化解矛盾纠纷

中国社会正处于转型期、改革期，这个时候矛盾多发突发。要强化法律在维护群众权益、化解社会矛盾中的权威地位，引导和支持人们理性表达诉求、依法维护权益，解决好群众最关心、最直接、最现实的利益问题。要建立健全社会矛盾预警机制、利益表达机制、协商沟通机制、救济救助机制。全方位地畅通群众利益协调、权益保障法律渠道，推动信访法治化，保障合理合法诉求依照法律规定和程序就能得到合理合法的结果。完善调解、仲裁、行政裁决、行政复议、诉讼等有机衔接、相互协调的多元化纠纷解决机制，矛盾纠纷一旦出现就有化解路径和救济手段。

三、全面推进依法治国的重要保障

全面推进依法治国的任务十分重大，要完成如此艰巨的任务，需要一系列重要的保障。在一系列重要的保障措施中，人才保障和党的保障是必不可少的两大方面。

（一）加强法治工作队伍建设

加强法治工作队伍建设，是法治建设的基础工程。法治工作队伍的素质、法律服务队伍的水平制约着法治发展的程度。他们都与法律人才培养机制密切相关。人才从最基础的意义上严重地影响着依法治国的进程。

1.建设高素质的专门队伍

法治专门队伍包括立法队伍、行政执法队伍、司法队伍。在立法、执法、司法机关，要加强其领导班子建设。在突出政治标准的同时，要把善于运用法治思维和法治方式推动工作的人选拔到领导岗位上来。在总体上要推进专门队伍的正规化、专业化、职业化，提高职业素养和专业水平。要完善法律职业准入制度，完善司法考试制度。建立从律师、法学专家中招录立法工作者、法官、检察官制度。建立法官、检察官逐级遴选制度。

2.加强法律服务队伍建设

法律服务队伍，对于法治建设具有独特的不可替代的意义。要加强法律服务队伍建设，建立起社会律师、公职律师、公司律师等优势互补、结构合理的律师队伍。要充分运用法治原则、市场方式、行政措施、社会力量、志愿服务、慈善救助等来加强法律服务队伍建设，最终是强化法律服务，使人民受益，社会和谐。到2022年，要基本形成覆盖城乡、便捷高效、均等惠普的现代公共法律服务体系，保证人民群众获得及时有效的法律帮助。

3.创新法律人才培养机制

法律人才是法治的力量所系。法学院校是法律人才的根本来源，为此，我们要创新法治人才培养机制，形成完善的中国特色社会主义法学理论体系、学科体系、课程体系，推动中国特色社会主义法治理论进教材进课堂进头脑，培养造就熟悉和坚持中国特色社会主义法治体系的人才及后备力量。法学教育必须被认真对待、科学设置。

（二）加强和改进党对全面推进依法治国的领导

中国共产党不仅是法律上的执政党，而且还是政治上的领导党。中国共产党对全面推进依法治国的影响是至关重要的。没有党的正确领导就没有依法治国的成功建设。加强和改进党的领导，是全面推进依法治国的重要保障。

1.坚持党的依法执政

中国共产党的依法执政是依法治国成功的关键。一是要确立依法执政的意识；二是要健全党领导依法治国的制度和工作机制；三是完善党内的依法决策机制；四是人大、政府、政协、审判机关、检察机关的党组织要领导和监督本单位模范遵守宪法法律，坚决查处执法犯法、违法用权等行为。

2.加强党内制度建设

党内规章制度是党内法规，是管党治党、从严治党的重要依据，也是建设社会主义法治国家的有力保障。我们要完善党内规章制定体制机制，建立配套完备的党内制度体系。要特别注意将党规同国法相衔接，提高党规执行力。全党要运用党规把党要管党、从严治党落到实处，以党规来促进党员、干部带头遵守国法。

3.提高干部法治能力

领导干部的法治能力是党在法治建设中发挥重要作用的主体基础。各级领导干部是全面推进依法治国的重要组织者、推动者、实践者，必须自觉提高运用法治思维和法治方式深化改革、推动发展、化解矛盾、维护稳定的能力。党的组织要把法治建设成效作为衡量各级领导班子和领导干部工作实绩的重要内容，纳入政绩考核指标体系。在干部选拔上，要把能不能遵守法律、依法办事作为考察干部的重要内容，在相同条件下，优先提拔使用法治素养好、依法办事能力强的干部。

（本讲稿是2016年为中央党校主体班相应课程所撰写的，编入本书时作了部分修订）

第八讲
提高领导干部的法治能力

全面依法治国是我国社会发展的迫切要求，它与全面建成小康社会、全面深化改革、全面从严治党，构成我们党的重大战略布局。全面依法治国对所有领导干部提出了提高法治能力的新要求。也就是说，“全面推进依法治国，必须不断提高各级领导干部运用法治思维和法治方式的能力”[①]。法治能力是什么？全面依法治国为什么会提出提高领导干部法治能力的要求？应当如何提升领导干部的法治能力？这些问题都值得我们认真地加以研究、科学地予以回答。

一、法治能力是具有法治思维与运用法治方式的能力

什么是法治能力，什么是法治思维、法治方式，它们各自是什么含义，相互之间是什么关系，都必须首先从理论上加以厘清，进而为提升领导干部的法治能力提供理论支撑。

（一）法治能力

领导干部的能力是多方面的，法治能力只是领导能力之一种或者

① 何毅亭：《学习习近平总书记重要讲话》，人民出版社 2014 年版，第 6 页。

一部分。什么是法治能力呢？学术界目前尚无统一的定义。根据基本的学理逻辑和现有的学术认知，一般可以认为，法治能力是指特定主体具有法治思维，运用法治方式，认识、处理和决策相关问题的能力。法治能力首先是一种认识能力，其次是一种处理能力和决策能力。认识是处理和决策的前提，没有很好的认识，就不可能有很好的处理和决策。处理和决策则是认识基础的实践，也是认识的意义体现。再好的认识，对于领导干部来说，如果不能体现在处理问题和决策事务之中，就无法产生应有的社会效用。所有的领导干部所担负的工作，无不包括对有关问题的认识、处理和决策。在认识、处理、决策的过程中，是否较好地运用法治思维，能否较好地选择法治方式，就决定了有关问题能否得到法治化解决，是否符合法治化要求。

从法治思维与法治方式来说，在领导干部与法相关事务的认识、处理和决策中，都必须以法治思维的先决存在作为基础，也必须正确地选择与运用法治方式。如果说法治能力是领导能力的构成部分，是法治思维与法治方式运用能力的总和，那么具有法治思维就应该是领导干部的能力基础和认知素养，选择法治方式就应该是领导干部的知识准备和重要工作。

（二）法治思维

人类思维有诸多的模式，极为复杂。一般地说，有线性思维与非线性思维，发散思维与收敛思维，点思维、线思维、面思维与体思维，纵向思维、横向思维与侧向思维，正向思维与逆向思维，静态思维与动态思维，逻辑思维与辩证思维，惯性思维与创意思维，感性思维与理性思维，等等。此外，还有批判思维、求证思维、递进思维、想象思维、推理思维、对比思维、形象思维、艺术思维、语言思维、直观思维、定性思维、定量思维、归纳思维、演绎思维、科学思维和价值思维等。所有这些多是从思维的形式上讲的，如果从思维的内容来看，还会有政治思维、经济思维、文化思维、法律思维，或者等级思维、特权思维、人治思维、法治思维等。至于其他思维模式，我们还是留给其他学科来阐释。作为法学课程来说，则必须回答什么是法治思维。那么，什么是法治思维呢？法学界并无既定的认识。根据法学的一般学理，可以认为，法治思维是指一定主体以法治理念为基础，运用法律规范、原则、精神对相关问题进行分析、判断、综合、推理以至形成结论，作出决定的思维模式。法治思维与政治思维、经济思维、文化思维、哲学思维等相并列。它并列但并不取代这些思维，我们具有其他思维的同时必须具有法治思维。没有法治思维，就无法全面依法治国，就无法做好依法治国中的领导工作。

法治思维的内容十分丰富。它包括人民民主思维、法律至上思维、依法行权思维、权利义务思维、公平合理思维、法律责任思维、权力制约思维，等等。这些思维，对于我们处理涉法事务、开展领导工作是极为重要的。领导干部必须坚持法律至上，严格依法行权，明确权利义务，实现公平合理，了解法律责任，接受法律监督。这些都是领导干部开展领导工作所必需的法治思维。

（三）法治方式

如同法治思维，法学界尚无统一定义一样，法治方式也没有确定而统一的定义。遵循一般的学术逻辑，我们可以作出这样一个基本的定义：法治方式是指一定主体依法对待和处理相关问题的方法与形式。法治方式的表现是多方面的。在治国理政上，就法治方式而言，一个国家就是要依法治国，一个执政党就是要依法执政，一个立法机关就是要科学立法、民主立法，各级政府就是要依法行政，各个司法机关就是要依法独立行使司法权。在社会一般矛盾纠纷的解决上，公民、法人乃至国家机关所应采取的法治方式，就是协商方式、调解方式、仲裁方式、诉讼方式等。

在具体的情况下，可以采用的法治方式有时是唯一的，有时是多种的，有时甚至是多种兼用的。如何选择、如何运用法治方式是领导干部法治能力高低的重要表现。法治化的领导干部就是要能恰当地选择和运用法治方式来处理日常政务，来治国理政，来深化改革、推动发展、化解矛盾、维护稳定。

法治方式多种多样，但是所有法治方式都是与非法治方式相对应的，与人治方式、运动方式等根本对立的。法治方式与非法治方式泾渭分明。不恰当地选择了非法治方式尤其是人治方式，就可能导致严重的社会后果，有时甚至是灾难性的恶果。在法治的国家和社会里，必须反对人治方式等非法治方式。因为“在社会主义条件下，法治与人治之间存在着根本的对立，是不能相互‘结合’的”①。只有不断运用法治方式来处理政务、治国理政，领导干部才会少犯错误和不犯错误，更不会违法犯罪。

选择和运用法治方式的主体是广泛的，但首要的就是各级领导机关和领导干部。如果说各级领导机关也是由领导干部构成的话，领导干部能否很好地运用法治方式就成为基础和关键。领导干部作为“关

① 李步云：《论法治》，社会科学文献出版社 2008 年版，第 116 页。

键少数”，必须采用法治方式来处理政务、治国理政。在此问题上毫无疑问，它是领导干部的法定职责。

二、全面依法治国要求提高领导干部的法治能力

（一）全面依法治国是领导干部的重要责任

我国法治建设已有百年之久。中国共产党领导的社会主义法治建设已经有半个多世纪。70多年来，我们党领导人民对依法治国进行了艰辛的探索。尤其是改革开放40多年来，我们党在依法治国上取得了前所未有的巨大成就。1997年党的十五大提出了“依法治国，建设社会主义法治国家”的宏伟目标。到现在，我们党所领导的依法治国事业取得了一系列重大成就，主要体现在以下六个方面：第一，依法治国被确定为党领导人民治理国家的基本方略。这是首要的重大成就，它为中国依法治国事业的发展确定了最宏观的方针和最根本的原则。第二，将依法执政确定为党治国理政的基本方式。这就为中国共产党如何执政找到了科学的方式，是中国共产党执政理念与执政方式的巨大变革。第三，中国特色社会主义法律体系已经形成。在2011年3月，第十一届全国人民代表大会常务委员会宣布中国特色社会主义法律体系已经形成。至此，我国制定宪法和现行有效法律、行政法规、地方性法规9500多件，为中国的依法治国事业奠定了坚实的制度基础。第四，法治政府建设稳步推进。从党的十一届三中全会以来，尤其是在党的十五大之后，依法行政被空前重视，建设法治政府

成为我国政府建设的重要目标。经过多年的努力，我国的法治政府建设取得了明显的成效。第五，司法体制不断完善。通过改革开放以来法制建设的恢复和发展，尤其是依法治国的不断推进，司法体制改革也取得了重大成就，改革中的司法为社会主义现代化建设提供了最现实的法治保障。第六，全社会法治观念明显增强。这是我国依法治国事业在社会法治化建设上取得的重要成效。广大人民群众对于法治的认识水平得到了空前提升，法治观念日益增强，为整个社会主义法治建设提供了最广泛、最深厚的群众基础和思想基础。

但是，我国的法治建设还存在一系列重大问题。在立法方面，离科学立法、民主立法的要求还有较大差距，立法体制机制还需要进一步改革完善。如何制定出充分反映人民群众意愿、体现人民群众意志的法律，如何使立法更好地体现客观规律、符合客观规律要求，还是一个长期任务。虽然中国特色社会主义法律体系已经形成，但是完备这一法律体系的任务还十分繁重，还需要一个不断努力的过程。在执法方面，行政机关及其工作人员中有法不依、执法不严的问题依然突出。执法体制不健全，权责脱节、多头执法、选择性执法现象有禁不止，暴力执法事件时有发生。执法不规范、不严格、不透明、不文明的现象客观存在。在司法方面，司法中的腐败现象还没有完全禁绝，人民群众对司法不公的反映依然强烈，还没能让人民群众在每一个司法案件中感受到公平正义。人民群众告状难、裁判文书执行难的问题依然是重大难题，亟待解决。在守法方面，一些社会成员的尊法信法守法用法的意识薄弱，依法维权的意识不强。在一些极端情形下，个别社会成员甚至铤而走险，采用非法手段维权，引发新的违法乃至犯罪。法治社会建设还是依法治国的薄弱环节，我们应当理性地看待这些问题和瑕疵。诚如柏拉图所说："批评我们的法律时请不要犹豫；被指出有瑕疵并没有什么不光彩。的确，如果一个人汲取了正确的批评，而不是被它困扰，那他通常会得到补救。"[①]立法、执法、守法上的这些问题都要求我们必须全面推进依法治国以推进整个中国特色社会主义法治建设的顺利发展。

根据我国法治发展的历史进程和我国法治建设面临的现实问题，中国共产党及时作出了全面依法治国的伟大决策。党的十八大报告明确提出："全面推进依法治国。法治是治国理政的基本方式。要推进科学立法、严格执法、公正司法、全民守法，坚持法律面前人人平等，保证有法必依、执法必严、违法必究。完善中国特色社会主义法律体系，加强重点领域立法，拓展人民有序参与立法途径。推进依法行政，切实做到严格规范公正文明执法。进一步深化司法体制改革，坚持和完善中国特色社会主义司法制度，确保审判机关、检察机关依法独立公正行使审判权、检察权。深入开展法制宣传教育，弘扬社会主义法治精神，树立社会主义法治理念，增强全社会学法尊法守法用法意识。提高领导干部运用法治思维和法治方式深化改革、推动发展、化解矛盾、维护稳定能力。"这段精练的概括性论述，对全面依法治国在立法、执法、司法、守法方面的重要任务予以了宏观设计。党的十八届四中全会审议通过了《中共中央关于全面推进依法治国若干重大问题的决定》，对全面依法治国事业作出了具体而全面的部署。全面依法治国是中国共产党的历史使命，是全国人民为之努力的奋斗目标。完成这一历史任务、实现这一奋斗目标是所有党政领导干部必须肩负的重要责任。

---

① [古希腊] 柏拉图：《法律篇》，张智仁、何勤华译，上海人民出版社 2001 年版，第 15 页。

（二）全面依法治国要求提高领导干部的法治能力

全面依法治国是全党全国人民的重要任务，更是各级领导干部肩负的时代责任。必须提高自己的法治能力来适应全面依法治国的现实需要。党的十八届四中全会审议通过的《中共中央关于全面推进依法治国若干重大问题的决定》着重从组织建设的角度对法治能力加以从未有过的强调。该决定从班子建设的角度指出，要“抓住立法、执法、司法机关各级领导班子建设这个关键，突出政治标准，把善于运用法治思维和法治方式推动工作的人选拔到领导岗位上来”，同时还从干部考核与考察的两个角度强化了法治能力的重要意义。“党员干部是全面推进依法治国的重要组织者、推动者、实践者，要自觉提高运用法治思维和法治方式深化改革、推动发展、化解矛盾、维护稳定能力，高级干部尤其要以身作则、以上率下。把法治建设成效作为衡量各级领导班子和领导干部工作实绩重要内容，纳入政绩考核指标体系。把能不能遵守法律、依法办事作为考察干部重要内容，在相同条件下，优先提拔使用法治素养好、依法办事能力强的干部。”①

党的十八大后，习近平总书记对领导干部的法治能力作出了一系列新的论述。2012年12月4日，习近平总书记在首都各界纪念现行宪法公布施行30周年纪念大会上的讲话中指出，“各级领导干部要提高运用法治思维和法治方式深化改革、推动发展、化解矛盾、维护稳定能力”②。他特别强调了法治能力的主体是“各级领导干部”。2013年2月23日，在十八届中共中央政治局就全面推进依法治国进行第四次

① 《中共中央关于全面推进依法治国若干重大问题的决定》，《人民日报》2014年10月29日。
② 习近平：《论坚持全面依法治国》，中央文献出版社2020年版，第15页。

集体学习时，习近平总书记再次要求“各级领导机关和领导干部要提高运用法治思维和法治方式的能力”。这一讲话将法治能力的主体从各级领导干部扩展到了各级领导机关。2015年2月，习近平总书记在省部级主要领导干部学习贯彻十八届四中全会精神全面推进依法治国专题研讨班开班式上的讲话中，再次对领导干部的法治能力提出新的要求：“领导干部要牢记法律红线不可逾越、法律底线不可触碰，带头遵守法律、执行法律，带头营造办事依法、遇事找法、解决问题用法、化解矛盾靠法的法治环境。谋划工作要运用法治思维，处理问题要运用法治方式，说话做事要先考虑一下是不是合法。领导干部要把对法治的尊崇、对法律的敬畏转化成思维方式和行为方式，做到在法治之下、而不是法治之外、更不是法治之上想问题、作决策、办事情。”[①]习近平总书记的以上论述充分表明了党中央对提高领导干部法治能力的高度重视。

（三）领导干部的法治能力水平制约着整个依法治国事业的历史进程

在全面依法治国的主体力量中，人民是最深刻、最伟大的力量。没有广大人民群众的积极参与和热情推动，依法治国事业不可能达成预期的目标。但不可忽略的是，广大人民群众的发动、组织都离不开领导干部的努力，领导干部是带领人民推进依法治国的“关键少数”。

首先，领导干部的法治能力决定着他们对待自身法律事务即遵守法律的水平。守法是每个公民的法定义务，更是领导干部的责任。领

① 《领导干部要做尊法学法守法用法的模范 带动全党全国共同全面推进依法治国》，《人民日报》2015年2月3日。

导干部必须带头守法。他们自身的法治能力直接决定着他们守法的水平。没有良好法治能力的领导干部，对法律没有很好的理解，没有应有的法治思维，也不可能很好地选择法治方式，必然无法很好地遵守法律。要提高领导干部的守法水平必须提高领导干部的法治能力。

其次，领导干部的法治能力制约着他们处理法律事务即适用法律的水平。领导干部的法治能力决定着他们能否依法办事，直接制约着他们的用法情形。领导干部不仅自己要守法，还要在工作中用法。他们要用法来认识、处理和决策相关的法律问题。深化改革、推动发展、化解矛盾、维护稳定无一不需要他们运用法律。他们能否很好地用法与他们的法治能力密切相关。

最后，领导干部的法治能力影响着社会公众的法治意识。每一个领导干部都是一定群众的领导，都处于一定的层级之中。他的周边与属下直接感受着其法治能力。低下的法治能力必然会使下属受其影响，有的甚至误导群众，给群众作出不良的行为示范。领导干部的法治能力，对于社会公众具有以身垂范的重要意义。

三、在全面依法治国进程中如何提升领导干部法治能力

（一）健全法治制度，完善决策机制

制度和机制总是决定性的，属于政治生态中的硬件部分，对每个领导干部都具有极为重要的影响。健全法治制度与完善决策机制，是必须

首先予以关注的重大措施。我们要把公众参与、专家论证、风险评估、合法性审查、集体讨论决定确定为重大行政决策法定程序，进而确保决策制度科学、程序正当、过程公开、责任明确。要建立起行政机关内部重大决策合法性审查机制，未经合法性审查或经审查不合法的，不得提交讨论，不得作出决定。为此，各级党政机关就必须积极推行政府法律顾问制度，并使法律顾问制度真正发挥作用，产生实效。

责任是制度的保证，法律责任是必不可少的重要保障。我们要建立重大决策终身责任追究制度及责任倒查机制。对于那些决策严重失误或者依法应该及时作出决策但久拖不决造成重大损失、恶劣影响的，要严格追究行政首长、负有责任的其他领导人员和相关责任人员的法律责任。其中负有责任的其他领导人员，应该是指负有责任的党的领导干部。我们党对决策责任的这一认识变化，以及由此推进的制度机制变革，必将有力地全面推动领导干部法治能力的提高。

（二）带头学习法律，树立法治意识

领导干部要带头学习法律，切实树立法治意识。2015年2月2日，习近平总书记在省部级主要领导干部学习贯彻十八届四中全会精神全面推进依法治国专题研讨班开班式上的讲话中特别强调了领导干部的学法问题。他要求领导干部要做学法的模范。法律知识是比较系统而专门的知识，不经过认真学习是不可能获得的。简单的直觉产生不了法治意识，更不可能具有科学性质的法治理念。学习法律知识是具有法治意识的必要前提，应该成为领导干部们的一种自觉要求。

领导干部学法的目的是什么？直接的目的就在于树立法治意识，根本的目的在于适应法治要求与推动法治发展，完成应有职责。学习法律是前提，树立法治意识是目标。只有具有了法治意识，法治思维、法治方式才可能受到重视，才可能发挥出应有的作用。只有在法治意识之下，领导干部才可能做到带头遵守法律，带头依法办事，绝不违法行使权力，更不以言代法、以权压法、徇私枉法。要做到这些，都必须依赖领导干部的法治意识。

（三）遵守党内规章，促进带头守法

党内规章与国家法律是并行的。二者之间并行而互动，完全可以说相得益彰。中国的各级领导干部与西方政治家的极大不同是，他们既是国家机关的领导人，也是党的组织的领导人。因此，他们就既要遵守国法，又要遵守党规，并要将党规与国法自觉地结合起来，一并遵从。从制度设计与要求上讲，我们一定要把党内规章与国家法律结合起来，使二者既分别，而又共同地作用于依法治国的伟大事业。

党纪与国法具有不同的属性，一般说来，党规党纪严于国家法律，高于国家法律。党的各级组织和广大党员干部既要模范遵守国家法律，还要按照党规用更高标准严格要求自己。党规要求更高，国法处罚更重，要使二者协调起来、共同作用。充分利用党规比国法要求更严的性质，从严治党，以严肃党纪促尊重法治。还要充分利用国法比党内规章处罚更重的性质，确保法律的权威、法治的权威，真正实现宪法法律至上。

（四）强化组织监督，防止违法用权

监督在法治状态下总是与权力相伴随行。监督是多样的，作为领导干部来说，在各种监督之中，首要的还是组织的监督。因为我们总是在一定的组织机构中工作的。要保证各级领导干部守法而不违法，最基本的保证就是来自各级组织的内部监督。一旦问题要交由组织外部来解决，甚至要动用司法机关，就相当严重了。未雨绸缪，防患于未然，就必须首重组织监督，发挥组织内部监督力量和机制的作用。

监督的根本目的当然是实现人民民主，但最直接的目的则是防止违法用权。对于各种违法用权行为，要尽可能消除在萌芽状态，使其难以发生。一旦发生也要通过组织监督尽快将其纠正，避免导致严重后果或者重大损失。违法用权被有效制止了，权力被依法行使了，权力就真正被关进了制度的笼子。我们党一再努力构建的权力笼子，首要的就是法律的笼子，就是要把权力放置在法律之下，而不是之上，更不是之外行使。

（五）考核法治成效，考察法治能力

如何考核评价领导班子和领导干部总是一个困难的问题。对于各级领导班子、各个领导干部的考核有诸多指标，必须把法治建设成效作为政绩考核的内容之一。要把法治建设成效作为衡量各级领导班子和领导干部工作实绩的重要内容，纳入政绩考核指标体系。

在提拔使用干部的问题上，要把法治能力作为重要的内容。对于具有法治能力或者法治能力强的干部要优先提拔使用。诚如党的

十八届四中全会所要求的那样，要把能不能遵守法律、依法办事作为考察干部的重要内容。在相同条件下，要优先提拔使用法治素养好、依法办事能力强的干部。这是确保领导干部具有必要法治能力的组织措施，对于提高领导干部的法治能力具有极为重要的推动作用。

（本讲稿是中央党校2015—2016年春季学期和秋季学期为主体班学员授课时所撰写的，编入本书时作了部分修订）

第九讲

突发性群体事件及其处置

改革开放以来，中国社会高速发展，各个方面都取得了辉煌的成就，但也暴露了诸多问题。作为社会安全稳定重要指标的群体性突发事件不断涌现，而且呈现出极速上升的趋势，不能不引起我们的高度重视。各类突发性群体性事件频仍，令人猝不及防。它们都是对所发生区域主要领导和各级干部的严峻考验。那些涉及全国或者在全国影响重大的突发事件，甚至是对中央高层领导的严峻考验，也对各级领导干部提出了新的要求。

一、突发性群体事件的急速上升

有学者提供的资料表明，我国发生的群体性事件，1993年8709起，1994年10000起，1995年11000余起，1996年12000多起，1997年17000多起，1998年25000起，1999年超过32000起，2002—2004年均40000起以上，2004年74000起，2005年87000起。2005年度总量是12年前的10倍，每年递增9%—10%。[①]有关研究机构的报告表明：从1993—2003年全国群体性事件由10000起增加至60000多起，参加人数由70万人增至300多万人。[②]重庆万州事件、湖北天门城管事件、云南事件、贵州瓮安事件，乃至拉萨“3·14”事件、乌鲁木齐

① 訾强主编：《中国突发事件报告》，中国时代经济出版社2009年版，第188页。
② 訾强主编：《中国突发事件报告》，中国时代经济出版社2009年版，第188页。

“7·5”事件等不断发生。

2007年8月制定的《中华人民共和国突发事件应对法》第三条对突发事件作出了具有法律权威性的界定：“本法所称突发事件，是指突然发生，造成或者可能造成严重社会危害，需要采取应急处置措施予以应对的自然灾害、事故灾难、公共卫生事件和社会安全事件。”其中的社会安全事件也许可以扩展到群体性事件上，但是这一法律所定义的突发事件主要是公共灾害事件而不是群体性事件。群体性事件由来已久，对其处理也许比自然灾害公共事件的处置更加艰难。

突发性群体性事件也可以称为群体性突发事件，它综合了突发事件与群体性事件的双重性质，远比单一的突发事件或者群体事件更为复杂。我们可以认为，突发性群体事件是指突然发生的、由众多社会成员共同参与的、使事态扩大、冲突加剧，甚至滥施暴力，扰乱、破坏或直接威胁社会秩序，危害公共安全，应予立即处置的重大事件。它具有突发性、群体性和重大性三大基本性质。

突发性意味着难以预期，甚至无法预期什么时间、什么地点、什么人、发生什么事件。这种突发性增加了处置的难度。群体性，则意味着参与者的构成复杂，它会导致难以控制和难以协调两大难题。难以控制，首先是处置者难以控制，其次常常是发动者本身也难以控制事态的走向。难以协调是指在处置过程中，难以形成统一意志，歧见迭出。重大性是指其危害、影响的重大性。一旦群体性事件发生就可能使不特定的多数人成为受害者，甚至使直接受害者的生命、财产受到侵犯。对于整个社会秩序、社会心理的影响是巨大的，它可能破坏一个社区，乃至一个地区的安全稳定与和平安宁。

二、突发性群体事件的主要诱因

突发性群体事件的诱因很多，仅就目前的情况而言，主要包括以下几个方面。

（一）土地权益

因土地权益产生的纠纷主要是农民与政府、开发商之间的纠纷。中国的失地农民，至少每年有250万人。中国农民人均拥有土地1亩，那么中国每年至少占用耕地250万亩。有数据表明情况远比这个严重：1996年中国拥有耕地19.51亿亩，2002年只有18.89亿亩，仅2002年就减少了2529万亩；到2003年减少到18.51万亩，又减少了3800万亩。仅仅是瀑布沟水电站库区淹没耕地就达4万亩，也正是这里发生了汉源移民群体事件。

（二）拆迁安置

我国城市建设高速发展，旧城改造成绩斐然，但都是以拆迁安置为前提的。1998年前为实物补偿，2000年以后以货币补偿为主。拆迁安置问题成为困扰我们的历史性难题，因为拆迁而导致的上访甚至群体性事件层出不穷。

（三）劳动争议

这里的劳动争议是广义的。一是下岗职工包括提前退休职工、买断工龄职工因社会保障数额而进行抗议。其实他们抗议的对象常常是由以前企业改制而来的新企业，因为他们将现有的低保障归结为原有企业改制政策的不合理。二是农民工为获得劳动报酬而抗议。三是企业集中解聘或解除劳动合同引发职工抗议。

（四）环境污染

由于一些企业不重视环保，政府监督与处罚不力，导致环境不断恶化，影响群众生活环境与质量，引发群众抗议。其矛头多数对准的是企业、政府或者政府环保部门。他们或者静坐、示威、游行抗议，与政府发生冲突；或者阻挠企业生产，与企业产生冲突。

（五）执法违法

执法队伍的素质一直是一个严重的问题，粗暴执法、违法执法的情形时有发生。人民群众对执法不满，主要集中在城管执法和公安执法两个方面。群众往往采取集体抗议、游行、示威、静坐、暴力抗法等方式。

（六）机关搬迁

这里所说的机关搬迁是指某级党政机关因为特定原因而另选新址、建设新办公场所的情形。实际的情形往往是，由于地震、规划失误等原因，导致党政机关选择新址另建办公场所，导致人民群众经济损失、人心紊乱，引发群体性大规模抗议。

（七）司法不公

对司法裁判不服，申诉无门，就采取聚集群众，到司法机关静坐示威，或者包围司法机关。比较常见的是，被群众认为不公正的司法裁判，由人民法院强制执行时，被执行人邀约群众集体暴力抗法，进而引发群体性事件。

三、突发性群体事件的表现形式

突发性群体事件的表现形式多样，对于不同表现形式的认识是十分重要的。分别不同形式才能采取不同的处置措施。一般来说，突发性群体事件的表现形式主要有以下几个大类。

（一）群体性纠缠领导

这种方式常常表现为，聚集群众与领导长时间对话，谩骂领导或者危害领导人身安全，迫使领导按照其意志行事，干扰领导正常工作，不准领导离开现场。

（二）停产、停工、停课

这主要是指从事生产的工人、从事服务和管理工作的人员，以及学校师生为了表达抗议而采取的停产、停工、停课行动。它常常因国企职工为改制、欠薪，“三资”企业职工因合法权益被侵犯，出租汽车司机因管理费用过高，学生因违法招生等引发。

（三）游行、示威、静坐

目前，这种形式的群体事件常常与上访联系在一起。据统计，在我国目前大约40%的群体上访都伴随游行、示威和静坐等。它具有给党和政府施加压力的特性，并可能随时恶化。

（四）群体性械斗

不同群体的群众使用刀枪、棍棒等凶器相互对峙、殴打、厮杀，常常因为争夺滩地、水源、山林等资源而发生。

（五）冲击党政机关

冲击党政机关常常由到党政机关投诉、上访不被接待或者对接待不满，而由少数人煽动发生，继而聚集人群，形成强大的破坏力。它包括集体哄闹、封锁道路、强行闯入办公场所，等等。

（六）堵塞交通干线

抗议者到公路、铁路干线设置路障，阻断交通，目的在于引起领导重视，以求问题解决。堵塞交通会使交通遭受直接经济损失，使社会秩序混乱，使矛盾升级和影响快速扩大。

（七）群体性打砸抢烧

群体聚集导致秩序失控，某些人制造混乱和利用混乱进行打砸抢烧活动。这是最为严重的群体事件，直接威胁社会秩序与人民群众的生命、财产安全。

四、突发性群体事件的处置原则

对于突发性群体事件的处置，有许多宏观的政治性和政策性的指导原则，但是就操作层面而言，也有一些基本的原则是必须遵循的。

（一）及时有效原则

及时有效原则是处置突发性群体事件的第一位的原则。必须及时而有效地控制事态发展，防止事态恶化。及时是时间要求，有效是效果要求。我们必须将及时与有效结合起来。一是及时，这是事件的突发性所决定的；二是有效，这是事件的重大性所决定的。

（二）慎用武力原则

武力包括警力与部队。一般只要没有打砸抢，没有发展到不可控制的程度均不应使用，但是要有所准备。

（三）因势利导原则

这是一个堵与疏的问题。群体性事件一定是众多矛盾积淀的结果，有着深层次的原因。我们必须因势利导，把群众的注意力引领到正常生活、生产建设上来。要尊重人民的合法权益，及时解决人民长期希望解决而得不到解决的问题。

（四）化害为利原则

这是对因势利导的进一步提升，我们要能化害为利，就超越了因势利导，更超越了事件本身。事物的多面性是客观存在的。我们要理性面对群体性事件，及时有效、合理合法地解决事件本身，使合法权益得以保护，合法诉求得以满足。同时还要举一反三，设法清除相关的诱发因素，彻底清除隐患，使偶然发生和突然发生之害转化为防微杜渐、长治久安之利。

（五）人民至上原则

所有的纠纷解决目的必须是最终为了人民，没有比人民更高的利益归宿，这是我们坚定不移的原则。人民利益永远是我们的坚强基石与终极的目标。因此，凡是人民拥护的，我们就坚决支持；凡是人民反对的，我们就坚决反对。

（六）法治保障原则

在处置突发性群体事件时，即使是应急处置措施也要力争合法，至于最终解决方案则必须坚持法治原则。不依法的处置措施，本身就难以平息事态，即使可以应对一时，也难免产生后患甚至后患无穷。法治是应对措施的保障，是解决问题的保障，是永无后患的保障。只有坚守法治原则，才能使相关问题及其解决不“翻烧饼”。

五、突发性群体事件的应对措施

对于突发性群体事件，我们必须采取适当的应对措施。这些措施直接作用于事件和事件的参与者，对于事件的处置效果具有直接的决定作用，因此必须予以高度重视。

（一）准确判断性质

准确判断性质是指应对主体应当对事件的性质有一个准确的判定，为应对措施的采取提供前提。在性质判断中，坚决反对随意定性，尤其反对随意将定性政治化。动不动就定性为“反党反社会主义”“敌对分子的破坏”“少数犯罪分子的阴谋煽动”“黑社会”等，都可能导致意想不到的严重后果。

（二）作出快速反应

突发事件处置的成败，首先取决于反应的速度。一定要以快制快、快中有慢、快慢得当。现实的许多问题都是由于反应迟钝，错过了处置时机，迁延发展所致。有的甚至无可挽救，如停尸闹事事件，往往都是公安机关反应迟钝所致。

（三）及时查明因由

因由在这里包括两个方面：一是起因，二是诉求。真相无法了解，但起因必须立即查明；处理难以到位，但诉求必须查明。例如，在贵州瓮安事件中，女孩的死因当然无法一下查清，但是事件因女孩死亡而起是确定的。虽然调查处理短期内无法完成，但是对于参与者尤其是事主的要求必须查明。

（四）迅速控制事态

控制事态扩大，是应急处置中必须考虑的重大问题。只有有效地控制了事态，我们才能从容不迫，将大事化小，小事化了。

（五）切实依靠组织

这里的组织包括各级党政组织、社会团体、企业事业单位，甚至街道、社区，乡镇、村社。现代社会的每个公民都是各种组织之中的人，要充分利用各种组织力量，削减冲突力量，缓解矛盾冲突，控制事态发展。

（六）主导媒体舆论

在现代社会中，现代民主政治的发展，加之传媒的发展，二者相互结合就形成了重要的社会环境。媒体的作用是不可忽视的，我们必须利用媒体的作用，因势利导地引导社会舆论朝着有利于问题解决的方向发展。

（七）防止并发事件

处置突发事件的措施必须周密得当，即措施必须无所遗漏，甚至即使不幸发生了遗漏，也有一个开放的机制来修正或者校正。在制订应对方案的时候，要有效地防止顾此失彼，防止和阻止诱发相关事件。

（八）措施合理合法

应对措施必须合理合法，这是得到当事人理解、赢得广大群众支持的关键。措施不合理就必然招致群众的反感和反对，不仅无助于问题的解决甚至还可能扩大矛盾。措施不合法就必然得不到法律的保障，也会因缺乏法律依据而埋下隐患。解决措施的不合理与不合法必然经不住实践与时间的检验，很容易出现反复，使现实问题成为历史问题，挥之不去。

本讲注重的是实际操作层面的探讨，至于当今时代突发性群体事件大量发生的深层次原因，以及社会矛盾结构的理论解析等，都是本讲无法容纳的，只有留待其他讲来阐述以及学员同志们的进一步思考。领导干部要处置好突发性群体事件，最终要依赖的还是自己的政治智慧、法治能力以及二者的有机结合与高度统一。

（本讲稿是作者为中央党校2009年春季、秋季学期各班次相关课程而撰写的，编入本书时作了部分修订）

第十讲
世界视野中的中华法文化

中华文明是世界视野中的中华文明，中华法文化是世界视野中的中华法文化。如何在世界的视野中认识中华法文化，并开创中华法文化的未来，这是中国新时代的领导者们必须考虑的重大问题。这是一个极为宏大的题目。本讲仅仅是想以此为题，拉开我们身边的一扇窗，与同志们一起观察与思考。恩格斯曾一再教导我们，“历史就是我们的一切”。让我们拉开历史的帷幕去回顾那辉煌的过去。

一、辉煌历史：中华法文化的世界影响

中华法文化历经数千年的风雨一路走来，创造了举世瞩目的辉煌，在全世界产生了重大而深远的影响。

（一）中国法律在法国的影响

1672年，法国巴黎就出版了由殷铎泽等翻译的《中庸》拉丁文译本。[①]伏尔泰（1694—1778年）说:“在别的国家，法律是惩治罪犯的；在中国，法律还有更多的作用，它奖励道德实践。”[②]孟德斯鸠在其著

① 参见史彤彪:《中国法律文化对西方的影响》，河北人民出版社1999年版，第4页。
② 《伏尔泰全集》第11卷，第175页。转引自范存忠:《中国文化在启蒙时期的英国》，上海外语教育出版社1991年版，第176页。

作之中多达100多处论及中国。他的名著《论法的精神》中就有5节以中国为题："中华帝国""中国的奢侈""中国人的礼仪""中国的良好风俗""中国政体的特质"。他对中国立法中的预防犯罪给予了充分的肯定，中国立法者"关心预防犯罪，多于惩罚犯罪，注意激励良好的风俗，多于施用刑罚"①。对中国的礼即法的状态给予了赞赏："中国的立法者们主要的目标，是要使他们的人民能够平静地过生活。他们要人人互相尊重，要每个人时时刻刻都感到对他人负有许多义务；要每个公民在某个方面都依赖其他公民。因此，他们制定了最广泛的'礼'的规则……这是养成宽仁温厚，维持人民内部和平和良好秩序，以及消灭由暴戾性情所产生的一切邪恶的极其适当的方法。"②对中国法律符合中国实际予以了肯定，"中国的立法者是比较明智的；他们不是从人类将来可能享受的和平状态去考虑人类，而是从适宜于履行生活义务的行动去考虑人类，所以他们使他们的宗教、哲学和法律都合乎实际"③。

魁奈（1694—1774年），是法国的经济学家，重农学派的领袖，曾以御医的身份进驻皇宫15年。他除了写作经济学著作之外，还写作了《中国的专制制度》一书，被称为"欧洲的孔子"，极力向欧洲人灌输中国的政治法律思想。就是在他的劝告下，1768年6月15日法国皇太子举行典礼，亲自用扎着丝绸的耕犁模型在众人面前炫示。1769年奥地利的皇帝也仿照中国皇帝的做法，驾犁耕地。魁奈对孔子特别崇敬。他说："中国人把孔子看作是所有学者中最伟大的人物，

① [法]孟德斯鸠：《论法的精神》（上册），张雁深译，商务印书馆1961年版，第83页。
② [法]孟德斯鸠：《论法的精神》（上册），张雁深译，商务印书馆1961年版，第312页。
③ [法]孟德斯鸠：《论法的精神》（上册），张雁深译，商务印书馆1961年版，第232页。

是他们国家从其光辉的古代留传下来的各种法律、道德和宗教的伟大的革新者。”[①]他歌颂中国的法制，“中国的法制系建立于明智和确定不移的法律之上，皇帝执行这些法律，而他自身也审慎地遵守这些法律”[②]。

（二）中国法律在英国的影响

坦普尔（1628—1699年），是英国的政治家、散文家。他对孔子极为推崇，他认为孔子是一位极其杰出的天才，学问渊博，德行可佩，品行高超，既爱自己的国家，也爱整个人类。他在《讨论古今的学术》中说，中国好比是一个伟大的蓄水池或湖泊，是知识的总汇。他认为，希腊人注意个人的或家庭的幸福；至于中国人，则注重国家的康泰。18世纪英国人巴杰尔写的《致斯巴达克国王利奥米尼斯书》提出，高官厚禄要属于确有功勋的人，这是一条准则。他说：“如果现在还有政治家觉得这条准则，尽管它本身十分完美，在土地那么大、人口那么多的大不列颠王国不可能实行的话，我可以奉告那位政治家，此刻现在，最认真地遵守和执行那条完美准则的是世界上幅员最大，人口最多的帝国，就是中国。”[③]哥尔斯密（1730—1774年），是英国著名的文学家和政治家，他在《世界公民》中表明了对中国法律的赞赏，一是法律的稳定性质。他说：“一个帝国换了多少朝代，还是这个样子；随后虽给鞑靼人征服，但仍保持古代的法典、古代的学术。因此，与其说屈服于外国的侵略者，倒不如说它兼并了鞑靼。

① 史彤彪：《中国法律文化对西方的影响》，河北人民出版社1999年版，第50页。
② 史彤彪：《中国法律文化对西方的影响》，河北人民出版社1999年版，第57页。
③ 范存忠：《中国文化在启蒙时期的英国》，上海外语教育出版社1991年版，第67页。

一个国家，论幅员可以抵欧洲全部，但是服从一种法律，只听命于一个君主，四千年来只经过一度长期革命。这是它的特别伟大之处。因此，我觉得别的国家和它相比，真是微不足道的了。”①二是法律对于道德的作用。他说：“英国的法律只是惩治罪恶；中国的法律进了一步，它还奖励善行。”②

（三）中国法律在德国的影响

莱布尼茨（1646—1716年），德国近代的哲学家，同时是杰出的数学家。他创造了数理逻辑，发明了微积分，改进了计算器并设计制造了手摇计算机。他在物理、语言、历史、法律等多个方面都有重要的贡献，1679年发表了《中国新论》。马克思在给恩格斯的信中也说，“你知道，我是佩服莱布尼茨的”③。莱布尼茨认为，“中国是一个大国，它在版图上不次于文明的欧洲，并且在人数上和国家的治理上远胜于文明的欧洲。在中国，在某种意义上，有一个极其令人赞佩的道德，再加上有一个哲学学说，或者有一个自然神论，因其古老而受到尊敬。这种哲学学说或自然神论是自从约三千年以来建立的，并且富有权威，远在希腊人的哲学很久很久以前”④。“中国民族，在可能范围内，相互团结以实现公共的安全与人类的秩序。这与他国的法律相比较，其优劣当不可同日而语。对于人类的害恶，由人类自身所发生的，返还到人类自身。所以人心如狼的谚语，在中国永不适合。我们

① 史彤彪：《中国法律文化对西方的影响》，河北人民出版社1999年版，第16页。
② 史彤彪：《中国法律文化对西方的影响》，河北人民出版社1999年版，第17页。
③ 《马克思恩格斯全集》第32卷，人民出版社1974年版，第489页。
④ 清华大学思想文化研究所编：《世界名人论中国文化》，湖北人民出版社1991年版，第139—140页。

的愚昧，使我们沉沦于不幸之中，同时我们自身，又创造了苦难。如果理性是一付清凉的解毒剂，那末中国民族便是首先获得此药剂的民族。中国全社会所获得的效果，较之欧洲宗教团体所获得的，更为优良。”①

沃尔夫（1679—1754年），是莱布尼茨的学生。德国18世纪著名的哲学家和数学家。1721年7月，他在哈佛大学作了题为《中国人的实践哲学》的演讲，宣扬孔子的人的理性凭自身的努力即可达到道德上的至善观点。因此触怒了他所属哈勒大学神学部的教授，他们马上开会列举了他的27条谬误，当面质询并向国王腓特烈·威廉一世告状。国王于11月下令，沃尔夫必须在48小时内离境，结果反而使其名声大震，一下子全世界居然有200多种书评论他的学说。瑞典国王、俄国彼得大帝都向他发出聘书，邀请其演讲。1739年威廉一世意识到自己的错误，同意普鲁士各个大学讲授沃尔夫的哲学。沃尔夫非常崇尚中国儒家的“修身、齐家、治国、平天下”的理论。在《自然法》一书中论述了“君主与臣民的义务”，深受中国儒家思想影响。他认为君主应有德、不能滥用权力，臣民具有服从的义务。他认为：“中国最古老的君主都是哲学家。柏拉图以为幸福的国家，应该由哲学家来支配。中国人便是此原则的实行者。在国王的光荣系列中，最初的是伏羲。他创立了中华帝国，同时也创造了文字。其后继者是神农、黄帝、尧、舜，一直到夏、殷、周三代，都能保持最完全的法律与政府。”②

① 转引自史彤彪：《中国法律文化对西方的影响》，河北人民出版社1999年版，第110页。
② 转引自［日］五来欣造：《儒教对于德国政治思想的影响》，刘百闵、刘燕谷译，商务印书馆1938年版，第320页。

（四）中国法律在日本的影响

如果认为中国法律对欧洲的影响还主要是文化观念意义的话，中国对日本的影响则更多是制度规范意义的，而且从观念与制度的双重意义上全面地影响了日本的法制发展。

在公元前3世纪前期，日本的邪马台国就多次遣使来中国，主要带回去的是稻作、农耕、服饰方面的文化与技术。日本广泛学习中国儒学。从6世纪末到12世纪末的600年，中国处于隋、唐、五代、北宋时期，日本处于飞鸟、奈良、平安时代，中国的法制在日本得到了全面移植。日本最早的成文法为604年4月公布的《十七条宪法》，它就是汲取中国文化，结合日本实际而制定的。随后的立法从体例、名目到刑名、刑罚都无一不仿效中国的法律。到了759年，日本淳仁天皇发布敕令，要求官吏以儒家的仁义礼智信作为治民之道。其具体的标准为："一、滥不杀生，能矜贫苦为仁；二、断诸邪恶，修诸善行为义；三、事上尽忠，抚下有慈为礼；四、遍知庶事，断决是非为智；五、与物不妄，触事皆正为信。"①

从12世纪末到19世纪中叶，即中国的南宋、元、明、清时代，日本的镰仓、足利、德川时代，日本参酌中国法制建立了自己的法制。19世纪后期，1868年日本爆发明治维新，开始了近代化，改而学习西方，并反过来影响中国的立法发展。综观日本法制的发展，正如日本学者桑原骘藏所言："自奈良朝至平安朝吾国（指日本而言）王朝时代之法律，无论形式上与精神上，皆根据《唐律》。自德川时代至明治之初及明治十三年顷为止，所谓日本之法律者，直接间接皆

① 王金林：《汉唐文化与古代日本文化》，天津人民出版社1996年版，第256—257页。

受明律之影响。”[1]

二、隔窗听雨：中华法文化的西方批评

（一）法国学者对中国法律的批评

孟德斯鸠不仅赞颂了中华法文化，而且对中国法律进行了十分尖锐的批评。（1）对专制主义作出了极为严肃的批判，并认为这是中国法律没有力量的原因。“人们曾经想使法律和专制主义并行，但是任何东西和专制主义联系起来，便失掉了自己的力量。中国的专制主义，在祸患无穷的压力之下，虽然曾经愿意给自己带上锁链，但都徒劳无益；它用自己的锁链武装了自己，而变得更为凶暴。”[2]他认为太监的祸患和对妇女的歧视都源自专制主义。（2）批评了中国法律对思想的惩办。“如果大逆罪含义不明，便足以使一个政府堕落到专制主义中去”[3]。“如果不谨慎的言词可以作为犯大逆罪的理由的话，则人们便可最武断地任意判处大逆罪了。语言可以作出许多不同的解释，不慎和恶意二者之间存在着极大的区别。而二者所用的词句则区别极小。因此，法律几乎不可能因言语而处人以死刑，除非法律明定哪些言语应处此刑。”[4]“中国的法律规定，任何人对皇帝不敬就要处死刑。因为法律没有明确规定什么叫不敬，所以任何事情都可拿来作借口去

---

① 杨鸿烈：《中国法律在东亚诸国之影响》，中国政法大学出版社 1999 年版，第 4 页。
② ［法］孟德斯鸠：《论法的精神》（上册），张雁深译，商务印书馆 1961 年版，第 129 页。
③ ［法］孟德斯鸠：《论法的精神》（上册），张雁深译，商务印书馆 1961 年版，第 194 页。
④ ［法］孟德斯鸠：《论法的精神》（上册），张雁深译，商务印书馆 1961 年版，第 197 页。

剥夺任何人的生命，去灭绝任何家族。”[①]（3）对中国法律的残酷进行了批评。“那里经常施行的暴政，和依据常例——也就是无情地——对人性进行残害”[②]。（4）批评了中国法律的不平等，尤其是专制体制对妇女的奴役。“对妇女的奴役是极符合于专制政体的特质的。专制政体所欢喜的就是滥用一切权力。因此，在亚洲，无论什么时代，我们都看到家庭的奴役和专制的统治总是相辅而行的。”[③]孟德斯鸠对中国传统法律的批评，有的是很有道理的，有的则并不完全正确。经过历史学家考证，孟德斯鸠对中国的认识主要来自两个人物：一个是黄嘉略（1679—1716年），另一个是傅圣泽（1665—1741年）。黄嘉略是中国人，是孟德斯鸠遇到的第一个也是唯一一个中国人。这个人是福建莆田人，被法国传教士李斐收为义子，作为秘书跟随法国另一传教士梁宏仁到了法国。后来成为路易十四的中文翻译，1713年22岁的法律学学生孟德斯鸠认识了黄嘉略。黄嘉略受法国传教士影响，对中国文化心存偏见，对中国社会的弊端津津乐道。孟德斯鸠第二个认识的对中国很有了解的人是傅圣泽。1729年孟德斯鸠在欧洲做学术旅行的时候，遇到了他的第二个关于中国问题的老师傅圣泽。傅圣泽1699年到中国传教并生活了20年。他因为对待中国礼仪的问题被召回罗马，他对中国存有病态的偏见。有法国人这样评价他“当属荒谬之徒，凡涉及中国种种事物，他都凭空乱想”[④]。孟德斯鸠的认识首先就来自这两个具有偏见的人，另外就靠阅读来了解中国。因此，他对

---

① ［法］孟德斯鸠：《论法的精神》（上册），张雁深译，商务印书馆1961年版，第194页。
② ［法］孟德斯鸠：《论法的精神》（上册），张雁深译，商务印书馆1961年版，第127页。
③ ［法］孟德斯鸠：《论法的精神》（上册），张雁深译，商务印书馆1961年版，第265页。
④ ［法］艾田浦：《中国之欧洲》（下），许均、钱林森译，河南人民出版社1992年版，第27页。

中国的评论就难免失之偏颇。

（二）英国学者对中国法律的批评

亚当·斯密（1723—1790年）对中国法制阻碍经济发展和经济贸易进行了批评。他认为，在经济上，第一，中国是停滞的；第二，停滞的原因之一是法律制度的局限。他说："中国一向是世界最富上的国家，也就是说，土地最肥沃，耕作最精细，人民最多而且最勤勉的国家。然而，许久以来，它似乎就停滞于静止状态了。今日旅行家关于中国耕作、勤劳及人口稠密状况的报告，与五百年前视察该国的马哥孛罗的记述比较，几乎没有什么区别。"① "中国似乎长期处于静止状态，其财富也许在很久以前已完全达到该国法律制度所允许有的限度，但若易以其他法制，那末该国土壤、气候和位置所可允许的限度，可能比上述限度大得多。一个忽视或鄙视国外贸易、只允许外国船舶驶入一二港口的国家，不能经营在不同法制下所可经营的那么多交易。"② "近代中国人极轻视国外贸易，不给与国外贸易以法律的正当保护"③。这是他找到的外贸方面的原因，另外就是国内税收的原因。当时中国的税收主要来自农业。但是中国的税收制度是"可变额土地税"，"随各年收获丰歉的不同，租税也一年不同于一年。这种税制使君主和政府能够坐享地主和农夫改良和精心耕作土地的利益，却抑制和伤害了土地经营者、耕作者的积极性，所以，这种税制具有'破坏

① ［英］亚当·斯密：《国民财富的性质和原因的研究》（上卷），郭大力、王亚南译，商务印书馆1972年版，第65页。
② ［英］亚当·斯密：《国民财富的性质和原因的研究》（上卷），郭大力、王亚南译，商务印书馆1972年版，第87页。
③ ［英］亚当·斯密：《国民财富的性质和原因的研究》（下卷），郭大力、王亚南译，商务印书馆1972年版，第67页。

性’，是一种‘恶税’。当然，问题的症结并不在于税制，而是使这种税制带有必然性的理论（重农主义）和政策（中国政策）”。[①]

（三）德国学者对中国法律的批评

18世纪的欧洲，“中国趣味”风行。对中国绘画、园林、建筑、陶瓷、漆器、丝绸等的爱好与仿制都达到了狂热的程度。当时著名的德国历史学家、哲学家赫尔德（1744—1803年）对这些“中国癖”深恶痛绝。他在《关于人类历史哲学的思想》中对中国进行了严厉的批评，其中当然也包括对中国法律的批评。他认为，中国土地不属于人，人却变成土地附属品的状况，就很可能导致可怕的专制主义。“中国‘就像一座古老的废墟一样兀立在世界的一角’。……儒家传统阻碍了教育和政治方面的任何进步，而专制主义又阻碍了任何其他学说、派别与之争雄。环境、生产方式、文化传统，这三者交互作用的结果，便是一个完全静态的社会制度，并且这种制度一旦建立，它又以对人们进行政治和思想的禁锢，来确保自己的统治。”[②]他甚至说出了令我们这些法律人在内的中国人感到羞辱并且失之偏颇的话：“拿欧洲人的标准来衡量，这个民族在科学上建树甚微。几千年来，他们始终停滞不前。我们能不对此感到惊讶吗？就连他们那些谈论道德和法令的书本也总是变着法儿，反反复复、详详细细地在同一个话题上兜圈子，千篇一律地吹捧那种孩童的义务。他们的天文学、音乐、诗歌、兵法、绘画和建筑如同千百年前一样，仍旧是他们永恒法令和千古不变的幼稚可笑的政体的孩子。这个帝国是一具木乃伊，它周身涂

---

① 史彤彪：《中国法律文化对西方的影响》，河北人民出版社 1999 年版，第 23 页。
② 史彤彪：《中国法律文化对西方的影响》，河北人民出版社 1999 年版，第 125 页。

有防腐香料，描画有象形文字，并且以丝绸包裹起来；它体内血液循环已经停止，犹如冬眠的动物一般。所以，它对一切外来事物都采取隔绝、窥测、阻挠的态度。”[①]他还认为“中国人的立法与道德乃是中国这块土地上人类理智幼稚的尝试，不可能在地球的其他某个地方如此根深蒂固地存在”[②]。

在赫尔德之后，黑格尔对中国也有过批评，主要是以“欧洲中心论”来抵销欧洲的“中国趣味”。黑格尔（1770—1831年）对中国法律的批评比赫尔德要温和得多。他主要认为家庭精神是中国的宪法精神，中国的政府必然是专制主义的政府，“在中国人那里，道德义务的本身就是法律、规律、命令的规定。所以中国人既没有我们所谓法律，也没有我们所谓道德。那乃是一个国家的道德”[③]。

在黑格尔之后的还有马克斯·韦伯（1864—1920年），他认为中国的儒教伦理及其法律文化阻碍了中国资本主义的发展。他说，“在意大利城市的商法中，早就有了经济的理性物化了的资本主义‘经营’的法律形式与社会基础，但是在中国这些都不存在。中国早就有了私人信贷发展的萌芽：宗族为其成员担保，但却仅仅存在于税收和政治刑法中”[④]。“世袭制的国家形态，尤其是与行政与法律适应的世袭性质，在政治上产生的典型后果是：不可动摇的神圣的传统王国与绝对自由的专横与恩宠的国王并存……在中国，至少在这方面特别敏感的产业资本主义，在其发展道路上，行政与司法没有发挥出可

---

① 清华大学思想文化研究所编：《世界名人论中国文化》，湖北人民出版社1991年版，第177—178页。

② 清华大学思想文化研究所编：《世界名人论中国文化》，湖北人民出版社1991年版，第180页。

③ [德]黑格尔：《哲学史讲演录》第1卷，贺麟、王太庆译，商务印书馆2017年版，第136页。

④ [德]马克斯·韦伯：《儒教与道教》，王容芬译，商务印书馆1995年版，第139页。

以计算的理性功能来，这种功能正是向理性经营发展的产业所必须的。”[①] “中国没有一种互助式地调节自由工商业的受到公认的、正规的、牢固可靠的法律基础，这种基础为西方所熟知并且促进了中世纪手工业中的小资本主义的发展。”[②]

（四）日本学者对中国法律的批评

日本的近代化过程中，广泛汲取西方启蒙思想家的思想，用以批评中国的法律文化，并以此达到变革日本法律的目的。当时最著名的思想家是福泽谕吉（1835—1901年），他终身对儒学进行批判。他说：“在亚洲各国，称国君为民之父母，称人民为臣子或赤子，称政府的工作为牧民之职，在中国有时称地方官为某州之牧。这个牧字，若照饲养兽类的意思解释，便是把一州的人民当作牛羊看待。把这个名称公然标榜出来，真是无礼已极。”[③] “中国自周朝以来……其所谓仁政含有强迫性质，企图强使人民‘叨沐圣恩’，结果‘圣恩’一变而为骚扰，仁政一变而为苛政，怎么还想要人来歌颂太平呢？如果真想歌颂，恐怕只有自己独唱，无人奉和，其谋划之迂阔，可怜亦复可笑。”[④]

听了以上的讲解，大家也许会提出一个疑问：为什么没有论述中国法律对美国的影响？这主要是因为美国立国（1776年）时中国已开始衰落。美国直接接受的是英国法律文化，即使受到中国的影响也是极为间接的。所以，美国对于中国的法制，更多的不是受中国的文化

---

① ［德］马克斯·韦伯：《儒教与道教》，王容芬译，商务印书馆 1995 年版，第 154 页。
② ［德］马克斯·韦伯：《儒教与道教》，王容芬译，商务印书馆 1995 年版，第 64 页。
③ ［日］福泽谕吉：《劝学篇》，群力译，商务印书馆 1958 年版，第 61 页。
④ ［日］福泽谕吉：《劝学篇》，群力译，商务印书馆 1958 年版，第 62 页。

和制度影响，而是隔岸观火式的评论，这种评论更集中到现代。

三、西风东渐：西方法文化的近代渗透

（一）引进法律文化

中国对西方的看法有一个演变的过程。费正清的《剑桥中国晚清史》描述了这个过程："关键性术语使用的变化雄辩地证实了在对西方理解过程中的这种进步。与西方有关的事务在六十年代以前大体称为'夷务'，在七十年代和八十年代称为'洋务'和'西学'，在九十年代就称为'新学'。第一个名词体现了中国中心主义；第二个名词颇为不褒不贬；而最后一个名词则清清楚楚地含有赞许的意思。"①1865年江南制造局开始翻译西方著作，至19世纪90年代，该局共卖出约13000部译著。②在西方思想的影响下，康有为、梁启超发动了维新运动，推动了戊戌变法，组织学会，创办报刊，宣传西方新学，推进了中国的思想进步。在1880—1940年有2204种日文著作被翻译到中国，其中一半是社会科学著作。在这些著作中，西方的法学著作也随之进入。康有为、梁启超、严复、沈家本等都成为宣扬西方法治学说的先锋。严复翻译的国外名著中就有孟德斯鸠的《法意》（《论法的精神》）和穆勒的《群己权界论》(《论自由》）等。如果说

① [美]费正清、刘广京编:《剑桥中国晚清史》(下卷)，中国社会科学院历史研究所编译室译，中国社会科学出版社1985年版，第235页。

② 同时期的日本明治维新，福泽谕吉的《西洋事情》在1866年出版后几乎立即卖掉了250000本（包括私印本）。参见[美]费正清、刘广京编:《剑桥中国晚清史》(下卷)，中国社会科学院历史研究所编译室译，中国社会科学出版社1985年版，第324页。

康有为、梁启超主要是传播西方法律思想的革命家，严复则主要是翻译家和思想家，而沈家本则主要是法律家。他们都是引进西方法文化的先锋。

（二）参酌西方法制

1901年1月，清王朝下诏实行“新政”；1902年4月发布变法修律的诏书：“现在通商交涉事益繁多，著派沈家本、伍廷芳将一切现行律例，按照交涉情形，参酌各国法律，悉心考订，妥为拟议，务期中外通行，有裨治理。”①中国法制向西方大规模学习从此开始，直至1911年辛亥革命爆发。“这场变革突破了传统法典编纂的诸法合体的体例，用西方近代法律的原则和内容取代了传统法律中纲常名教的原则和内容。沿袭数千年的中华法系从此发生了根本的转变。清末制定的各种现代性的法律，尽管没有来得及全部颁行，但这些法律为民国时期各种现代法律的制定，开辟了道路，提供了参照的依据，奠定了重要的基础。”②它在宪法上创制了宪法，将皇权至上的专制主义修正为皇权至上下的“三权分立”；在刑法上，废除了中国数千年极为残酷的肉刑；在民法上，建立了中国历史上从未有过的公司制度、破产制度等。为此，沈家本作出了极为重要的贡献。杨鸿烈先生在《中国法律发达史》中称，“沈氏是深了解中国法系且明白欧美日本法律的一个近代大法家，中国法系全在他手里承先启后，并且又是媒介东西方几大法系成为眷属的一个冰人”③。

---

① 《奏删除律例内重法折》，丁贤俊、喻作风编：《伍廷芳集》（上），中华书局1993年版，第256页。
② 怀效锋：《中国法制史》，中国政法大学出版社1998年版，第445页。
③ 参见杨鸿烈：《中国法律发达史》，中国政法大学出版社2009年版。

（三）学习西方宪政

1905年12月，清政府派遣以载泽为首的5位大臣到日本、英国、美国、德国和法国考察它们的政府，并详细调查中国实行立宪政体的可能性。1906年7月该使团回国，每位成员都推荐立宪政体。海外的中国使节也纷纷上奏说，宪法绝不会损害皇室权力，事实上它是维护皇室权力的最好手段。因此，皇太后和皇帝召开御前会议，经过长时间的商讨，决定采取立宪政体。1906年9月1日光绪皇帝在慈禧太后的指使下，命令开始宪政的准备工作。[①]宣布实行宪政的方案之后，就对政治制度进行改革，一是将行政、立法、司法三权分立；二是精减冗员，明确官员责任。由于当时中国还没有立法机关，所以其实首先进行的只是行政机关和司法机关的改革。

四、再造辉煌：中华法文化的当代发展

（一）传承中华法文化

中华法文化中有许多糟粕，如人治观念、专制主义、皇权思想、等级观念、特权意识、重刑轻民、司法与行政合一等，它们都远离现代法治。但是，中华法文化源远流长，根深蒂固，经历了数千年漫长的历史发展。早在春秋战国时期中国就有了职业法学家，或者是以“律学”研究为其职业的人，中国的法学由是便产生了。从此之后，经

---

① 参见[美]费正清、刘广京编:《剑桥中国晚清史》(下卷)，中国社会科学院历史研究所编译室译，中国社会科学出版社1985年版，第450页。

过日积月累，出现了浩如烟海、汗牛充栋的相关论著。传统法文化中蕴含着丰富的思想资源，并且与整个中华民族和中华文化具有内在的联系，积淀和内化在我们的心灵深处。然而，从清末以来，中华传统法文化如同整个中华传统文化一样，被刻意批判的多，被着意继承的少。从戊戌变法，到五四运动，到新文化运动，再到新中国的社会主义改造，到“文化大革命”，包含着法文化在内的整个文化，一次一次地因各种原因而备受批判。这种批判在相当大意义上都是必须的，但是，很少或者基本上没有被理性地解析，进行客观而冷静的梳理，给予应有的扬弃。传统几乎不再在制度层面保留，而以内化的残缺状态存在于社会与观念之中。其实，我们有许多极为宝贵的历史财富。

1. 人本主义与民本主义的指导思想

人本主义在中国具有深刻的思想基础。人本主义至少包括这样的两个方面：一是人与自然的关系，二是人与神之间的关系。在这两重关系中，中国传统文化都特别强调人的重要地位。就人与神的关系而言，西周时期的周公就说，“天不可信，我道惟宁王德延”（《尚书·周书·君奭》）。春秋时期郑国的子产也说，“天道远，人道迩，非所及也”（《左传·昭公十八年》）。孔子学生子路问如何对待鬼神，孔子答：“未能事人，焉能事鬼？”（《论语·先进》）就人与自然的关系而言，中国自古以来就主张“天人合一”“人副天数”“人能胜乎天者，法也”，这对于我们处理人与自然的关系，以及进行生态与环保立法都是有借鉴意义的。

民本主义是中华传统法文化的又一哲学基础。民本主义的内涵也是很丰富的，在传统社会中，至少包含着国与民之间的关系，国君与人民之间的关系。西周时期的周公就提出要“敬德保民”，要“惠民”“裕民”。《管子 · 牧民》就认为：“政之所兴，在顺民心；政之所废，在逆民心。”孔子认为：“君者，舟也；庶人者，水也。水则载舟，水则覆舟。”（《荀子 · 哀公》）其后孟子全面总结了民、国、君之间的关系：“民为贵，社稷次之，君为轻。”（《孟子 · 尽心下》）荀子说：“天之生民，非为君也；天之立君，以为民也。”（《荀子 · 大略》）西汉时期的贾谊说，“闻之于政也，民无不为本也”（《新书 · 大政上》）。这些对于我们今天处理国家、权力与人民之间的关系也是很有借鉴意义的。

2. 慎刑的法律原则

慎刑是指慎重实施刑罚处罚。它包含不错误施行刑罚，不随意施行刑罚，绝对不罪及无辜，期刑于无刑。西周时期中国有这样的原则。《尚书 · 虞书 · 舜典》记载：“钦哉，钦哉，惟刑之恤哉！”皋陶之“罪疑为轻，功疑为重；与其杀不辜，宁失不经；好生之德，洽于民心”（《尚书 · 虞夏书 · 大禹谟》）。在错杀与错放之间，宁愿错放也不错杀。据史书记载曹操曾作《慎刑令》：“夫刑，百姓之命也。而军中典狱者或非其人，而任以三军死生之事，吾甚惧之。其选明达法理者，使持典刑。”历史证明慎刑是非常科学的法律原则。这正符合了疑罪从无与疑罪从轻的现代法治原则与观念。

为了慎刑，中国传统法律制度中设立过很多制度，例如录囚制度。它是指我国古代的帝王或上级官吏定期或不定期审讯囚犯，借以平反冤狱的制度。录囚制度经过了一个发展的过程，从西汉到隋朝，录囚制度主要为地方官员定期或不定期巡视监狱，了解案件及其裁判情况。

从唐至元，皇帝也亲自参与录囚工作，并且成为定制。历年举行，录囚制度成为实行宽赦的重要制度。录囚既是平反冤案的制度，也是张扬慎刑仁政的制度。明清两代进一步发展，创造出会官审录制度，达到了录囚制度的最高峰。主要有秋审、朝审两类，清朝参与秋审的司法官包括中央六部、大理寺、都察院、通政司以及军机处的重要官员，甚至皇帝也亲自参与录囚工作。每年8月，正是秋季，就在北京天安门金水桥西由相关官员出席会同审理，对于该平反的坚决平反。

我国目前将死刑复核权重新收归最高人民法院，有很多很大的意义，其中一个意义就是慎刑。其实，中国自古就有死刑复奏制度。从北魏时期至隋朝，法律上都有对死刑实行三复奏的制度性规定。死刑复奏就是指判处死刑的案件要三次报请皇帝批准。到了唐太宗时期，他除了继续坚持地方案件三复奏制度之外，还将京师判决的死刑案件改为了五复奏。我们一定要贯彻“可杀可不杀的不杀，可关可不关的不关”的慎刑原则。即使要判，要杀，也必须坚持严格的法律程序，而不可随意为之。但是，在目前我们的关、捕、诉、判和杀的数量都是特别值得研究的。

3.传统的人伦精神

这方面的例证可以说是不胜枚举，但是为了简要地说明问题，我仅仅论述亲亲相隐制度以说明之。

亲亲相隐是指在一定范围之内的血亲和夫妻之间，除谋反、大逆外，均可互相隐匿犯罪行为，而且减免刑罚的制度。自汉代以来，这就是中国刑法的一项重要原则。其主要内容包括：一是亲属有罪相隐，不予论罪或者予以减刑；二是控告应相隐的亲属者要被处以刑罚；三是国事重罪不适用相隐原则。这一制度源自“父子偷羊案”。《论语 · 子路》有记载：“叶公语孔子曰：‘吾党有直躬者，其父攘羊，而子证之。’孔子曰：‘吾党之直者异于是。父为子隐，子为父隐，直在其中矣。’”亲亲相隐与大义灭亲是相对应的。儒家也并非一味主张亲亲相隐。《左传 · 隐公四年》载，石厚参与州吁弑其君桓公，其父石碏使人杀了石厚，孔子便称赞说：“石碏，纯臣也。恶州吁而厚与焉。大义灭亲，其是之谓乎！”于是，我国古代法律也就规定，危害最大的一些犯罪不适用于亲亲相隐制度。这其实是很好的制度设计，但是许多人认为这是中国的封建主义独有的东西，殊不知这是人类十分美好的共同良知的产物。

在西方，直到今天资本主义还有这样的相隐制度，甚至还扩大了其范围。在资本主义社会建立之前，西方国家普遍有相隐制度，但也有“国事重罪不得隐匿”的规定，然而近代以来，西方法律几乎完全取消这一限制。1810年《法国刑法典》、1871年《德国刑法典》等均没有作出“国事罪不得隐匿”的规定。现代西方的一些刑法甚至公然规定，包庇藏匿犯间谍、叛逆、侵略战争等重罪之亲属者也不予处罚。如1975年《法国刑法典》第100条，1976年《德国刑法典》第139条，1968年《意大利刑法典》第307条等。而且在诉讼法方面，也规定亲属既可以拒绝作证，也可以自愿作证，但有权不宣誓担保证据的真实性。1988年《意大利刑事诉讼法典》第199条规定就是典型的例证。[①]西方法律同时还规定，司法官有义务保护证人的这一权利。1994年《德国刑事诉讼法典》第52条、1988年《意大利刑事诉讼法

① 该条规定：近亲属可以拒绝作证，即使自愿作证也有权不宣誓担保证词无伪；证人可以拒绝回答可能使自己的近亲属负刑事责任的问题。

典》第199条均规定，法官一般不得就可能有损于证人亲属的名誉的事实发问，法官应告知被告人的近亲属有拒绝作证的权利，不得强迫其作证或宣誓。

（二）借鉴西方法文化

西方法文化，也是人类法文化的构成部分。我们既要传承自己的文明，也要借鉴西方法文化中的宝贵财富，只有这样我们才能达成自己的目标。

1.西方法文化是人类法文化的构成部分

人类的法文化是人类共同的文明成果，是人类共同的财富。在自然科学领域，火车、飞机、计算机都首先出现在西方，我们没有拒绝；在社会科学领域，我们也没有理由加以拒绝。社会科学揭示的是社会发展的规律，涉及的是社会生活的方式、社会管理的模式，其中当然有客观规律在发挥作用。历史上中华民族异常强大的时候，西方没有拒绝中华文明，今天中华民族复兴的时候，我们也不应拒绝目前在一些领域领先的西方文明。

2.西方法文化中的确有许多进步的方面

必须学习与借鉴西方现代法文化。我国目前正在进行现代化建设。中国现代化的起点在清末，但是特殊的历史原因——帝国主义的入侵、中国自我变革的滞后、中国发展的失误等，使中国落后了，中国必须奋起直追。中国法学与法律也同样如此，我们必须注意学习与借鉴西方的现代法文化。

必须学习与借鉴西方市场经济的法文化。市场经济在西方已经有数百年的历史了，而中国传统社会是自然经济的社会，直至新中国成立，中国也没有建立起市场经济体制，自然经济仍然占据主导地位。新中国成立之后，我们实行的是计划经济。数百年来，西方一直推行市场经济，市场经济是法治经济。市场经济的法律调整，西方积累了宝贵的财富，那甚至是他们若干的失败教训换来的，我们需要学习和借鉴。

现代社会的一些独特问题的法律调整，需要认真对待。比如，如何对待毒品问题、计算机犯罪问题、同性恋问题等，西方社会有很多经验和教训，我们有必要对此加以充分地研讨。

我国目前的法制建设需要学习与借鉴西方的法文化，在实体立法方面如民事立法、经济立法、行政立法；在程序立法如听证制度、鉴定制度、死刑执行制度，我们都需要认真地对西方的法文化进行学习和借鉴。

（三）构建新型法文化：社会主义法文化

我们的目标应是立足中国，放眼世界，创立具有中国特色的社会主义法文化。如何缔造这样的法文化，可以有很多构想，在这里仅仅是把我认为最重要的两个方面加以说明。

1.确立新型的法文化心态

一个国家与世界是什么样的关系，既是一个理论问题，更是一个实践问题。在中国与世界之间的关系上，似乎一直都存在这样那样的误解。自傲、自卑、自闭是我们处理中国与世界关系的三种不正常状态。文化上的这种状态也一直影响中国法学理论的发展。

封建制度的确创造过灿烂的文明，包括灿烂的法制文明。曾经，我们是那么自信的“天朝大国”，期待着四方来朝、八方进贡。几千年封建王朝养成的“天朝大国”之气一直影响着我们的思维。直到八国联军火烧圆明园，我们的祖辈还在那里沉醉于曾经的辉煌。过度的自傲使我们失去了整个世界。

自傲与自卑时常是一体两面共生的。在我们始终保持着世间少有的自傲时，又是那么自卑。当西方列强侵略中国的时候，我们又不得不“师夷长技以自强”。过度的自卑又使我们失去了整个自我。

在自傲、自卑两种情形之外，我们还由于意识形态原因而排斥整个世界，走向了自闭。自闭是以自傲作为内在的思想基础的。自闭中看不清自身也看不清世界，于是在忽略世界的同时，自己也失去了发展完善的可能。我们需要自立、自主和自新的法文化心态，只有这样我们才能永远自立于世界民族文化之林。

2.构建新型的法文化体系

如何对西方的法文化进行科学取舍？西方法文化也并不是同一的，英美法系与大陆法系就有着重要的差别。如何才能在马克思主义思想路线指引下，将西方法文化与中华法文化同冶一炉呢？

例如，刑事公诉案件中的控诉证据问题。我国1979年的《刑事诉讼法》要求的是，人民检察院的公诉人要全面收集证据。既然是全面收集就包括有罪的证据、无罪的证据，罪重的证据和罪轻的证据。听起来很好，但是在实践中遇到了两个麻烦：一是公诉人本身就是控诉被告人有罪的，如果他还要提供无罪的证据，为什么还要起诉呢？二是如果把全部证据都移交到了法院，庭审就会成为走过场，因为所有的证据，法官事前都看过了。所以，在1996年我们借鉴了西方诉讼法的规定，修改《刑事诉讼法》时作了修改。那么就必然不是全部证据了，于是“主要证据”的概念就出来了。但什么是主要证据？法院和检察院，检察院和检察院认识就不一样了。有的甚至把一个证据材料掐头去尾，仅仅把说明有罪那两页移送到法院，加之证人普遍不出庭，结果不仅是在庭审前，就是在庭审中也不清楚那个作证的人到底是谁，性别、年龄、文化程度、工作职业是什么，那又怎么使法官和诉讼参加人信任整个证据呢？

再如，民事诉讼中的鉴定人的身份性质问题。鉴定人，在我国以前的诉讼法中，基本上采用的是大陆法系的制度模式，鉴定人被作为法院选定的中间人，其鉴定结论是不容置疑的定案依据。但是2012年《民事诉讼法》出来了，采取了英美法系的模式，将鉴定人确定为证人的身份。那原告可以请鉴定人，被告当然也可以请鉴定人。那谁的鉴定结论应该被采信呢？谁的结论又比谁高明呢？这也是问题。

需要我们去探索、思考的问题还有很多。我们不要保守，传统法文化中的糟粕要抛弃，精华要继承；我们不要西化，西方法文化中的精华要借鉴，糟粕要抛弃。我们要继承，我们要借鉴。立足传统，借鉴先进和精华，开拓未来——构建中国特色的社会主义法文化就是我们的理想。我们需要自主而开放、理性而执着地走向未来。

（本讲稿是为中央党校2007年秋季学期“五当代大报告”之“当代世界法制”课程而撰写的，编入本书时作了部分修订）

第十一讲
当代世界法制发展的历史走向

要使中国自立于世界民族之林，就必须认识世界，审时度势，与时俱进。随时把握世界发展的潮流，是我们必须担负的历史责任。认识当代世界法制发展的历史走向，是我们认识世界的组成部分，也是推进中国法治建设的必要条件。综观世界法制发展，可以认为有以下几个基本的历史走向。

一、法律形式趋同化

（一）法系划分与法律形式

对于世界的法律，学者们有过不同的分类。在各种分类之中最常见而又最公认的分类方式，是法系的划分。法系是根据法律的历史传统和外在形式等因素的不同而对于世界各国的法律所进行的一种分类。这一分类得到了世界各国的普遍认同。即使是在以前根本就不赞成进行法系划分的社会主义国家，也在许多场合被迫使用着“法系”这一语词和概念。

全世界的法律主要被分为五大法系，分别为：中华法系、印度法系、阿拉伯法系、大陆法系和英美法系。有的法学家把世界法律体系划分为罗马—日耳曼法系、社会主义法系、普通法系和其他法系。无论是怎样的分类或怎样的称谓，民法法系和普通法法系都是其中最重要的构成部分。普通法法系是自中世纪以来，在英国法的基础上，特别是在英国普通法的基础上发展起来的各国法律的总称。民法法系则是以罗马法为基础，尤其是以《法国民法典》和《德国民法典》为基础而发展形成的各国法律的总称。这两大法系的基本定义也为我们昭示了它们的历史个性和基本特征。

各个法系之间差异深刻，趋同明显。法律形式的差异是不同法系的标志，这种差异具有深刻的历史根基。但是历史的潮流则是，英美法系的成文法在增加，大陆法系的判例被重视，其他法系则广泛吸收英美法系和大陆法系的法律形式。

（二）欧美在成文法与判例法上的变化

法系之间的趋同，是法律全球化的重要表现，也在一定程度上推动着法律全球化的发展。在法系的众多变化中，两大法系的变化十分明显，尤其是两大法系的趋同越来越引人注目。“自进入20世纪后，这两种法系已相互靠拢，它们之间差别已逐渐缩小。特别在英国加入欧洲共同体后，客观形势也迫切要求这两种法系之间的融合。”[①]“自进入20世纪以来，由于各国之间的经济、政治和文化联系与交流加强，两大法系之间的互相借鉴也随之受到重视，因而它们之间的差别也开始缩小。”[②]英美国家的成文法在增多，大陆法系的判例作用在增强。这两大法系之间相互吸纳与借鉴，法律形式的趋同也加速了法律全球化的进程，必将有助于法律全球化的发展。

---

① 沈宗灵主编：《法理学》，高等教育出版社1994年版，第109页。
② 张文显主编：《法理学》，高等教育出版社、北京大学出版社1999年版，第148页。

二、国内法律国际化

国内法的国际化是指在一个国家或地区的法律由于某种原因而在其他国家或全世界得以普遍适用的情形。在近代以来，世界上不断发生国内法国际化的历史事件。[①]

（一）法典编纂运动

它是私法领域的国内法的国际化。那就是19世纪到20世纪，从欧洲启动的仿照《法国民法典》和《德国民法典》的法典编纂运动。

（二）宪法司法潮流

它是公法领域的国内法的国际化，即第二次世界大战以后，在欧美兴起，扩展到亚非拉各国的以建立宪法法院或宪法委员会和司法审查制度为标志的潮流。

（三）"法律与发展运动"

20世纪五六十年代美欧国家以"援助第三世界国家"为名，实施"和平队"行动。它们派出"和平队"或类似的组织到第三世界国家去传播美国欧洲的法律模式，参与这些国家的立法和法学教育。

① 参见朱景文：《比较法社会学的框架与方法》，中国人民大学出版社2001年版，第568页。

（四）“法律改革”

20世纪90年代，第三世界国家以及苏联东欧国家进行以市场为导向的法律改革。是否具有健全的法律保障系统成为判断是否具有良好投资环境的关键性因素。国际货币基金组织（IMF）、世界银行和一些发达国家的法学家、经济学家被派往第三世界国家和苏联东欧，帮助他们设计和策划经济与法律改革。在苏联解体、东欧剧变之后，他们提出了各种各样的“从计划经济过渡到市场经济”的“私有化”方案。其中最著名的就是他们为俄罗斯提供的“休克疗法”方案。他们帮助这些国家修改或制定了公司法、投资法、贸易法、合同法、税法、金融法、知识产权法、仲裁法、律师法等。

三、国际法律国内化

国际法的国内化是指国际组织的条约、规章为有关国家所接受，并转化为国内法的情形。

（一）国际政治法律国内化

世界各国之间的交流交往空前频繁，资本主义掀起的“全球民主化”浪潮一浪高过一浪，加速了政治全球化的进程。在法律全球化的趋势出现后，有的国家趁势假借法律的全球化来干预他国事务，推行法律的单边主义，侵犯他国主权。国际政治关系变得异常复杂，国际相关的法律，也发挥着更为重大的作用。许多国家政治方面的国际公约都被要求和客观上转化为国内的法律制度，并加以实现。

（二）国际人权法律国内化

人权是国际法律国内化的又一重要方面。作为现代国际社会的标志的不仅仅是经济发展的全球化，而且也有人权的全球化。尽管其中包含着少数霸权主义和法律单边主义对于其他弱势国家的不当要求，甚至非难。对世界法进行研究的法国法学家米海依尔·戴尔玛斯－马蒂说:“很久以来我一直认为，世界化将自人权而来。”[①]“我所进行的有关法律世界化的研究正是以人权为出发点的。”[②]人权霸权主义者或人权单边主义者对于他国人权的要求，有时甚至是苛求，当然不具有正当性质。但是它客观上迫使不同国家在人权问题上的认识趋同，也会使一定的国际人权认识与标准在更大的范围内被认可。另外，人权问题上的弱势国家也会从被迫应付中站起来，加快自己的人权建设，并在人权的国际冲突中变被动为主动，化消极为积极。他们也会利用国际舞台，在人权问题上与霸权主义和单边主义进行论争，迫使霸权主义者和单边主义者在一定程度上考虑和接受弱势国家的人权观念，以达成在人权问题上的谅解与共识。

国际人权的许多共识都是以国家之间的条约或国际社会的公约的形式表现出来的，往往形成一些国际人权法律文件。近代以来，尤其是自第二次世界大战以来，国际人权的立法取得了空前的巨大成就。关于人权的国际公约大量增加，为实施这些人权公约的辅助性的国际人权法律文件也不断产生。

① [法]米海依尔·戴尔玛斯－马蒂:《世界法的三个挑战》，罗结珍、郑爱青、赵海峰译，法律出版社2001年版，第2、4页。
② [法]米海依尔·戴尔玛斯－马蒂:《世界法的三个挑战》，罗结珍、郑爱青、赵海峰译，法律出版社2001年版，第4页。

自20世纪初以来，人权越来越为国际社会所普遍关注，甚至成为世界各国是否具有现代民主、法治、文明的重要标志。国际社会对于人权问题的重视也达到了前所未有的程度。不仅仅一些发达国家在强调人权，发展中国家也逐步予以更多的注意。有关人权保护的国际立法日益增加，有关国际人权问题的争端也在不断发生，因为人权问题而引发的国内矛盾和国际冲突激增。

在人权问题上特别值得关注的是中美之间的人权冲突与斗争：中美两国在联合国人权委员会展开人权交锋的开端也许是1990年。从1990年到2001年的12年中，美国或亲自出马，或指派“代理人”出面，先后10次在联合国人权委员会中提出所谓谴责中国人权状况的议案，但没有一次成功。2000年3月，美国在联合国人权会议上以“数千名法轮功练习者被拘捕”为证据，指责中国人权状况恶化，呼吁人权委员会成员国支持美国的反华人权提议。在中国的影响下，该提案再次被人权会议弃置，美国利用人权问题在国际社会抹黑中国的图谋再次被挫败。2001年美国在联合国人权委员会成员国改选中落选，故在2002年的人权会议上，美国未能提出谴责中国人权状况的提案。美国2003年重新当选了人权委员会委员，2004年又旧戏重演。

美国国务院2005年3月28日公布了《2004年度国别人权报告》，对世界上除美国以外的196个国家在过去一年中的人权状况一一做了“总结”。在涉及中国的部分，该报告对中国，尤其是中国西藏地区的人权状况进行了长篇累牍和歪曲事实的攻击。报告还对中国政府打击“东突”恐怖势力的反恐行动横加指责。中国政府对此提出了强烈的抗议。国务院新闻办公室于2005年3月3日发表《2004年美国的人权纪录》，以大量翔实的资料和客观的事实，揭露美国对外侵略、虐待囚犯以及在生命、自由和人身安全，政治权利和自由，经济、社会、文化权利，种族歧视，妇女、儿童状况等方面侵犯人权的不良记录。

改革开放以来，中国政府特别注意人权问题，加入了《经济、社会及文化权利国际公约》等重要的国际公约，积极参加联合国和地区组织的国际人权会议，强化了与第三世界、欧洲国家之间的人权对话。2004年，在宪法修正案中增加了“国家尊重和保障人权”的规定，这是一个历史性的重大进步，世界各国都给了中国很好的评价。

（三）国际经贸法律国内化

在目前，世界贸易组织（WTO）、世界银行和国际货币基金组织的规则，越来越得到更多国家的承认。任何国家一旦加入了这些组织，其规则就可能直接在该国适用或为该国国内立法所认可而转化为国内立法。世界贸易组织的《服务贸易总协议》（GATS），《与贸易有关的知识产权协议》（TRIPs）和《与贸易有关的投资措施协议》（TRIMs）也因此逐步成为加入世界贸易组织的所有国家的法律规则。

四、国际社会法治化

在第59届联合国大会上，时任联合国秘书长安南在致辞中呼吁在当今世界各国实现法治。他说，当今世界各地的法治岌岌可危，仍有人肆无忌惮地违背根本的国际法准则，如伊拉克的暴力事件和虐俘丑闻、俄罗斯别斯兰市的绑架事件等。安南说，在世界各地，都看到有人正煽动对犹太人、对穆斯林、对任何被认定不属于自己群体的人的仇恨，并准备实施这些恶行。他强调，任何事业、任何冤情，无论其本身多么合情合理，都无法为此类恶行作出丝毫辩解。安南表示，国际社会必须坚持任何人都不得凌驾于法律之上的原则，任何国家，如果在国内宣称实行法治，就必须在国外也尊重法治；任何国家，如果在国外倡导法治，就必须在国内也力行法治。

（一）国际经贸要求国际社会法治化

1905年，瑞士人亨利·内斯特莱创办的雀巢公司同英瑞浓缩奶公司合并，把厂房建到了英国、德国、西班牙和大洋彼岸的美国，这在当时是一件了不起的大事。当时的内斯特莱恐怕不会想到，一个世纪之后，雀巢公司在全球已有509家工厂，雀巢的产品几乎遍布世界的各个角落。从表面上看，经济全球化似乎是一个抽象的概念，而实际上，它就悄然发生在人们的衣食住行当中。

根据有关资料，2003年全球GDP总额为30多万亿美元，而世界贸易总额就占1/4左右。20世纪90年代，世界贸易的平均增长速度为6.5%，至21世纪伊始，这一增长速度曾经达到了两位数。2003年世界贸易组织公布的数据表明，2002年世界商品贸易（出口）额增长4%，达到6.24万亿美元；服务贸易额达到创纪录的1.54万亿美元，增长5%；世界贸易总额增长了4.2%。2004年世界贸易组织公布的数据表明，2003年全世界货物贸易额为7.3万亿美元，比上年名义增长16%，实际增长4.5%；服务贸易额为1.8万亿美元，比上年名义增长13%。经济全球化带来了世界各国之间资本的自由流动、信息的跨国传播，以及资源的全球化配置。跨国公司在其中发挥了极为重要的作用。现在跨国公司已经成为经济全球化的载体，其产值占世界总产值的1/3以上，其企业内部和他们相互之间的贸易额已经占世界贸易的60%以上。跨国公司对外的直接投资已占全球跨国投资的90%。

到2004年底，中国对外贸易已经保持了近20年的高速增长。2004年中国对外贸易规模高达1.1547万亿美元，比上年增长35.7%，净增3037亿美元，相当于2001年全年贸易规模的2.3倍。2004年进出口总额首次突破万亿美元大关，让中国无可争议地成为贸易大国。我们从这些数据中不难看出，经济发展的全球化有多么迅猛。

经济全球化发展从两个意义上推动着国际社会的法治化进程。

一是从经济全球化的发展中产生了大量的国际普遍认可的经济贸易方面的法律制度。世界贸易组织的许多规则，都是在大量的国际经济贸易的基础上产生的，直接调整国际经济贸易关系。全球经济活动必然会提出遵守共同的经济法律规则的要求。

二是经济全球化必然带来经济关系的全球化，在这个意义上，经济全球化的发展推动着作为上层建筑的法律制度的全球化。在现实的经济发展中，发展中国家必须力争在经济活动中与发达国家同步，与发达国家共同参与世界经济的运行，才可能赢得自己迎头赶上的机遇。对于发达国家来说，它们也同样需要世界经济的共振。因为，它们维持已有的经济优势并继续发展，需要在国际经济交流中得以实现。它们的经济也是在国际经济的普遍联系中发展的。经济作为法律的基础不仅在国内法中是如此，在国际法律上也是如此。

国际经济贸易的冲突及其解决也会导致世界的法治化。美、欧、日、俄、中之间的贸易纠纷不断。2002年3月5日，美国单方面宣布以反倾销名义对钢材进口加收关税30%，占美国进口钢材1/5的欧盟委员会已计划对美国航空公司征收特别关税，此举进一步加剧了欧美之间的贸易冲突。同时，欧盟委员会向世界贸易组织提出了解决争端的请求。

要想跻身世界贸易强国，中国还有很长的一段路要走。中国要参与国际贸易，就必须遵循国际法治的原则。

（二）国际交流催生国际社会法治化

世界城市的初级综合指标是：外籍侨民数量占本地居民比重为0.6%、市民运用英语交流的普及率为40%、外国金融机构200家以上、每年举行国际会议200次以上。一个国际化大都市，每年至少要举办200次国际会议。巴黎的国际会议最多的一年更是多达300多次。北京会展业规模近两年在不断扩大，每年举办的具有一定规模的国际会议数量60次左右，平均一周一次，但这与每两天一次、每年200次国际会议的世界城市初级标准还有很大差距。2000年全球曾举办过一次国际会议最多的国家排名，美国以234次会议占据榜首。国际交流的频繁使世界各国之间在法律上的交流也以空前的速度向前发展。随着现代国际关系的发展，国家之间的交流已经十分频繁。以前看来无比广大辽阔的地球渐渐演变成为小而又小的“地球村”，“村民”之间的联系也越来越紧密。国际交流的加快为各国之间的沟通提供了便利，也加速了全球化发展的进程。法律交流作为国际交流的构成部分也随着整个国际交流的扩大和加速而得到了前所未有的发展。各国法律界、法学界的交流也得到了普遍的扩大和延展。各国议会、法院、警察部门之间的联系和交流都在加强；各国法学教育机构之间也在不断发展交流合作关系。在频繁的国际交流之中，法律的交流得到了进一步的发展。

（三）国际组织推进国际社会法治化

第二次世界大战以前，国际组织仅有500多个；第二次世界大战后，国际组织的数量日益增多，活动领域不断扩大。2005年已有4万多个。根据有关资料显示：瑞士就有近400个国际组织，没有沙漠的德国争取到了联合国防治荒漠化公约（UNCCD）秘书处设在波恩，连印度和泰国都各有10多个国际组织机构。国际组织及其规则的大量增加和作用的不断增强也推进了法律的全球化发展和国际社会法治化的进程。国际组织的发展盛况空前。国际组织主要是以主权国家为基本元素而建立的。国际组织的成立和运行，必然会提出建立相应国际规则的要求。国际法律规则的大量积累，为法律国际法治化提供了现实的可能。世界贸易组织及其规则的发展就是一个极为典型的例证。欧盟由原来的欧洲经济共同体演变而来。现在，它已经远远超出了经济的范围。到2005年，欧洲已经建立统一的司法机构，正在制定统一的欧洲宪法。欧盟的出现对于全球化可能有一定的阻碍，区域性联盟的形成对于消除区域隔离的全球化来说，当然有一定的影响。它可能成为全球化发展中的阻碍因素，但是，欧盟对于法律全球化在欧洲的现实化，除了可能存在一定的障碍因素之外，更有着重要的推动作用——它率先推动着欧洲国家法律的“欧盟化”。这也许可以认为是全球化发展的阶段性成果或者局部表现。全球化的一个重要阶段也许就是部分国家的区域联盟化，然后再从区域联盟中“走出来”，形成全球联盟。这种全球联盟也许正是全球化的表现。这些联盟无一不需要国际条约，无一不需要依赖国际法治。

（四）司法协助推动国际社会法治化

由于国家主权的影响，面对全球化的浪潮，国际司法协助必然受到前所未有的重视。

截至2003年9月，在国际司法协助的签约方面，目前我国已经签订了65个双边司法协助协定。在司法协助的内容方面，主要涉及送达和取证问题。请求提供司法协助的案件逐年上升，中外互相请求司法协助的案件大体持平，其中涉及民商事送达的案件最多。目前，在司法协助中存在的主要问题是执行周期过长。当事人提供的材料不齐全、语言不符合要求、送达地址不准确等，从而导致司法协助执行周期的延长。司法部和最高人民法院在2003年8月11日联合召开会议，共同商讨如何简化司法协助程序，尝试由司法部审核后直接将司法协助文书转交省高级人民法院，省去由最高人民法院审核的中间环节。总之，随着国际交往的发展，司法协助的任务将日益繁重。

我们对外签订的司法协助协议还是太少。这有意识形态的原因，有法律制度的原因（死刑存废），还有赃款分割的问题（赃款分割协议）。早在2001年1月8日，最高人民检察院和公安部联合召开电视电话会议，部署追捕在逃贪污贿赂等职务犯罪嫌疑人的战斗。当天，新华社播发消息称："据不完全统计，目前有4000多名贪污贿赂犯罪嫌疑人携公款50多亿元在逃。其中，有的已潜逃出境，造成国有资产大量流失，使一些国有公司、企业难以为继，社会危害十分严重。"

世界正在走向法治，我们必须思考，在全球法治化的背景下，中国如何进行自己的法治建设，如何进行自己的法治国家建设。

（本讲稿在中央党校2005年春季学期、秋季学期和2006年春季学期“五当代大报告”之“当代世界法制”课程上使用，听课者为全校在读学员。在2007年、2008年还与“世界视野中的中华法文化”课程交替为学员讲授，编入本书时作了部分修订）

第十二讲

当代世界法治与中国司法改革

近100多年来，中国法治之河奔流不息，时而低回婉转，时而凯歌行进。综观其发展历程可以说是“青山遮不住，毕竟东流去”。时至今日，已经浩浩汤汤，一往无前，可谓“惊涛拍岸，卷起千堆雪”。其实在更早的时候，世界的法治化浪潮就已经兴起，并以燎原之势不断扩展；世界的司法体制改革已经启动，正以澎湃之势奔腾向前；中国的司法体制改革在世界法治发展、司法体制改革的行列中异军突起，独领风骚。

一、法治：当代世界的历史潮流

人类的历史总是不断向前发展的。17—18世纪的资产阶级革命，在政治上全面推翻封建专制的统治，建立资本主义统治；在法律上废除封建主义法律制度，创建资本主义法治。格劳秀斯（1583—1645年）、霍布斯（1588—1679年）、洛克（1632—1704年）、孟德斯鸠（1689—1755年）、卢梭（1712—1778年）等资产阶级思想家、法学家为资本主义法治的创立，奠定了重要的思想基础，提供了丰富的理论资源。他们在资产阶级革命中提出了“自由、平等、天赋人权”的口号，也提出了“法治”的口号。在资本主义制度建立之后，法治就成为资本主义国家的目标，也成为资本主义世界的历史潮流。

（一）资本主义法治的创立发展

首先，我们来看英国资本主义法治的创立发展。资本主义法治发端于英国1688—1689年的光荣革命。在资本主义制度建立之前，英国已有其法治的历史基础。但是在强大的封建制度之下，法律臣服于王权，根本谈不上什么现代意义的法治，更不是资产阶级法治，是资产阶级的光荣革命为资产阶级的法治创造了历史前提。1689年英国议会颁布了《权利法案》。该法案宣布取消国王经常用以干涉法官独立司法的法律豁免权和中止权，明确规定国王不得中止法律的实施，未经议会同意不得行使法律豁免权，不经议会同意不能征收赋税等。从此起步，英国的资本主义法治逐步形成。

其次，我们来看美国的资本主义法治的创立发展。美国资产阶级法治的形成是与美国独立发展的历史密切联系的。在1775—1783年的独立战争后，美国颁布的联邦宪法和《权利法案》等确立了权利神圣和以宪法为中心的法律至上的一般观念，奠定了美国资产阶级法治的基础。随后的工业国家时期通过的宪法修正案，确立了“正当法律程序”，有力地推动了美国资产阶级法治发展。再后来的福利国家时期，美国资产阶级法制从注重财产保护转向注重人身保护，从注重个人自由转向注重社会平等。由此发展，渐次形成了现在的美国资本主义法治。

再次，我们来看看法国资本主义法治的创立发展。早在法国资产阶级革命发生之前，法国一些著名思想家、法学家就为法国资产阶级革命进行着思想和理论的准备。1789年7月14日，巴黎人民攻占巴士底狱的起义，揭开了法国资产阶级革命的序幕。法国资产阶级革命浪潮迅速席卷法国。第三等级中的大资产阶级攫取革命领导权，控制制宪会议，开始了资本主义的法治建设。从1789—1875年宪法公布，法国政体交替演变。在这86年内，法国颁布了12部宪法，平均7年颁布一部。法国宪法的频仍更迭引起了政体的复杂多变，先后经历了君主立宪制、帝制、民主共和制等政体。其中有过三次君主立宪政体，两次帝制和三次共和政体。在大革命发生后，随着资产阶级革命的全面胜利，资本主义制度的全面确立，资本主义法治日益巩固、发展、完善，以至形成了今日之状态。

最后，我们来看看德国资本主义法治的创立发展。19世纪前期，德国是一个四分五裂的国家。1848年，欧洲大陆爆发了大规模的革命运动，德国也发生了革命。德国革命就是一场资产阶级民主革命。它的任务就是消灭封建专制主义的统治，结束政治上的分裂，建立统一的民族国家。德国的资产阶级法治正是伴随这场革命而诞生和发展起来的。德国是最早提出“法治国”概念的国家。其法治国理念起源于康德的法治国家学说。其法治发展经历了多个阶段，19世纪早期是其第一个时期，即“自由法治国”时期。这个时期的法治国家理念，是自由主义法治思想的表达。它要反对的是警察国家。法治国家的发展要求限制国家行为的范围以实现法律对公民权利的保护。从19世纪中期到1945年，是德国法治国发展的第二个时期，即“形式法治国”时期。其法治国家概念被认为应与任何实质内容无关，其坚持“恶法亦法”的理念。第二次世界大战之后，德国兴起了其法治发展的第三个时期，即“实质法治国”时期。根据实质法治的理念，法治国家必须建立在正义的基础之上，必须具有民主的内涵，必须具有自由、平等、人权等价值。

在总体上，以资产阶级革命为发端，资本主义法治经历了从形式法治向实质法治乃至实质法治与形式法治并重的转换。法治在资本主义世界中不断发展，逐步成为资本主义区别于封建主义的重要特征，也成为其自诩与标榜的所谓资本主义优越性。

（二）社会主义法治的超越推进

在资本主义革命发生、发展的同时，无产阶级也壮大起来。一场比资产阶级革命更加声势浩大的无产阶级革命在资本主义世界中发生、发展。随着无产阶级革命的胜利，社会主义法治随之得以建立。社会主义法治以史无前例的先进性展现在人类历史上，成为对资本主义法治的历史性超越。

作为社会主义法治发展代表的是苏联的社会主义法治建设。1917年11月7日（俄历10月25日），在列宁等的领导下，俄国共产党（布尔什维克）领导工人士兵发动了武装起义。起义成功后，建立了苏维埃政权。苏维埃政权及时颁布了一系列革命法令，由此奠定了苏联社会主义法治的基础。在苏联社会主义一个很长的历史时期，都把法治国家作为资本主义的东西加以批判。自20世纪60年代开始，苏联学术界对法治国家理论的认识逐步深化；到70年代，相当多的学者积极支持法治国家理论；80年代初，苏联学术界进一步解放思想，对法治建设许多问题达成共识。1988年的苏联共产党第十九次全国代表大会，在对社会主义再认识的基础上，吸取历史经验和教训，正式提出要将苏联建设成为“社会主义的法治国家”的重要目标。根据苏联社会主义法治国家理论，一是要确保表达人民意志的法律具有至高无上的地位。无论是党的组织，还是国家机关、公职人员、劳动集体、社会团体，或是公民个人，都必须遵守法律。二是充实并保障公民的权利与自由。建立公民与国家相互负责的关系，这一原则改变了只有公民对国家负责而国家不对公民负责的传统观念。三是确认了这样的基本原则，法律所不禁止的，都是允许的。

与苏联社会主义法治发展相呼应的是其他社会主义国家的法治跟进。在苏联提出了建设社会主义法治国家的目标之后，老挝、越南等国相继在自己的宪法中确立了与依法治国类似的社会主义法治原则。《老挝人民民主共和国宪法》（1991年）规定："国家政权以宪法和法律治理国家。党和国家的各部门、各群众团体、各社会组织和各阶层人民都必须在宪法和法律的范围内进行活动。"《越南社会主义共和国宪法》（1992年）规定："所有政党组织都应在宪法和法律的范围内活动。""国家按照法律管理社会，并不断加强社会主义法制。"越共在2011年的十一大上确立的新的发展目标是"建设共产党领导，属于人民、依靠人民、服务人民的社会主义法治国家"。2014年11月，中越两国还在越南召开了以"建设社会主义法治国家的经验"为主题的第十次中越两党理论研讨会。

（三）国际社会法治一往无前

随着历史的发展，法治逐步成为各国的共识。正如2008年2月2日我国首次发布的《中国的法治建设》（白皮书）所表述："法治是政治文明发展到一定历史阶段的标志，凝结着人类智慧，为各国人民所向往和追求。"当今世界的法治在"两组织一浪潮"——联合国、世界贸易组织、全球化浪潮的推动下，不断冲突、不断整合，一往无前。

联合国自其成立以来，一直致力于法治的倡导。1948年通过的联合国《世界人权宣言》，是人类历史上第一个世界人权宣言。其序言就庄严宣布："鉴于为使人类不致迫不得已铤而走险对暴政和压迫进行反叛，有必要使人权受法治的保护。"2002年联合国人权事务委员会促进和保护人权小组委员会的文件认为，法治的主要特征是利用法律限制和控制权力的使用，以保障自由。为此，法治要求至少从三个方面来限制国家权力：一是物质限制，涉及尊重和保障基本自由和人权；二是职能限制，采用分权形式；三是时间限制，其表现形式为人民的意志通过自由和公正的选举来定期重新表达。直至现在，联合国网站还专门设立有"促进法治"专栏，在其首页公开宣布："促进国家和国际各级法治是联合国使命的核心。建立对法治的尊重是冲突后实现持久和平、有效保护人权以及持续的经济进步和发展的根本所在。所有个人乃至国家本身都有责任遵守公开发布、平等实行和独立裁决的法律。"

当前，世界贸易组织无疑是最大的国际贸易组织。其规则对于法治原则予以了特别的强调，有力地推动了全球化时代的世界法治发展。众所周知，现在的世界贸易组织是由1947年成立的关税及贸易总协定在1995年发展演变而来的。中国在2001年12月正式成为世界贸易组织的第143个成员。到现在，世界贸易组织已经有160多个成员，囊括了世界上相当多的国家和地区，它们都在世界贸易组织规则的推动下，遵循着共同的国际贸易规则。世界贸易组织规则对各成员方的影响是巨大的。中国"入世"前后在法律上的立改废就可见一斑。1999年11月中旬，中美关于中国加入世界贸易组织双边谈判取得成功，12月1日中国外经贸部（后来的商务部）成立了法律法规清理小组办公室。国务院为此成立了一个领导小组，制订了详细的立、改、废计划。2000年3月，国务院法制办出台《适应我国加入WTO进程有关法律、行政法规的制定、修订工作安排》，列出相应的时间表。4月，国务院法制办印发了《关于适应我国加入世界贸易组织进程需要清理部门规章有关事项的通知》，明确由外经贸部和国务院法制办牵头，组织中央14个负有经济管理职能的部委开展与外贸、外商投资有关的部门规章的清理工作。财政部、国家发改委、农业部等纷纷成立了清理小组。2001年9月，中共中央办公厅、国务院办公厅又专门下发了《关于适应我国加入世界贸易组织进程清理地方性法规、地方政府规章和其他政策措施的意见》，部署开展清理地方性法规、地方政府规章和其他政策措施。有关统计资料表明：从2000年7月至2002年12月底，为与世界贸易组织规则接轨，全国人大常委会制定、修改有关法律14件；国务院废止行政法规12件，制定、修改有关行政法规38件；国务院有关部门制定、修改、废止部门规章和其他政策措施1000多件；废止地方性法规、地方政府规章3370件、修改1126件；决定停止执行省级政府及其部门和较大的市政府及其部门其他政策措施约18.8万件；停止执行国务院及其办公厅文件34份。

当前，全球化的浪潮一浪高一浪，有力地推动着全球的法治化进程。全球政治、经济、文化等在互联网的推动下实现了适时的互联互通。全球化至少在以下几个方面推动着国际法治化的进程：第一，全球化推动了世界法治信息的共享，使国际社会形成了走向法治的舆论环境；第二，全球化促进了国际组织的大量增加，必然导致了大量国际规则的制定和实施；第三，全球化加大了国际矛盾纠纷发生的概率，促使新的国际法律规则的形成与既有国际法律规则的适用。

二、司法改革：世界法治的重大主题

自第二次世界大战结束以来，世界各国高度重视司法体制改革，逐步形成司法改革的国际潮流。

（一）英美法系的司法改革

英国在2011年3月宣布对民事司法体系进行重大改革，目的是促进英国司法制度的进一步现代化，让民众接近司法。要求防止昂贵的和不必要的诉讼，确保必要的诉讼费用受到限制，促进更有效地执行判决。为社会提供除诉讼之外的更多有效的替代性纠纷解决方式，创造一个更加简洁、迅速和均衡的体系。创设一个管辖权跨英格兰和威尔士的全国性法院，保证案件和法官更有效地分配，使司法系统更加快捷。促进司法公开，英国最高法院审理案件不再受禁止录制其过程的约束，并使其全部诉讼过程可以通过互联网观看，网站直接与最高法院保持联系。及时提供每起案件的摘要梗概，帮助观众知悉案件的背景，提高最高法院司法的透明度与便利性。

有学者认为，美国从19世纪中叶以来就一直不断进行着民事司法改革。基本目的在于实现民事诉讼制度的法典化与联邦民事诉讼规则的统一化。强调非诉讼纠纷解决程序的广泛运用，力图利用多元纠纷解决机制化解矛盾。近年来，由于弗格森枪杀黑人事件的发生，民众和美国司法部都提出了推动执法部门和司法系统改革的问题，也许可以从一个新的角度推动美国刑事司法体制的改革。

（二）大陆法系的司法改革

作为大陆法系代表的法德两国，也在积极改革司法，以使其司法体制能够更好地适应现代化的需要。法国在司法上积极探索非诉讼纠纷解决机制，扩大简易程序的适用范围。对于轻微刑事案件，重视调停工作；对于民事诉讼，重视调解工作。严格法官选任与培训，防止司法权对行政权的干预。在德国，也同样积极推动司法体制改革，在非诉讼纠纷解决机制上积极探索。实行诉前强制调解，积极化解矛盾纠纷；将调解案件的法官与审理案件的法官分离，防止调解意见影响案件的最终判决。

日本的司法体制改革正在进行之中。2004年，日本确立了混合法庭制度，于2009年正式实施，并用以审理案件。根据这一措施，普通的刑事审判庭由3名职业法官和6名公民法官组成。规模较小的审判庭由1名职业法官和4名公民法官组成。公民法官将从普通公民中随机抽选，在审判中与职业法官具有同样的权利。建立知识产权高等法院专门处理知识产权案件，引入劳动争议裁判制度以处理劳动纠纷案件；建立专家咨询意见制度以协助法院审理专业性较强的医疗、建筑等科学领域的案件；制定《快速审理法》使所有一审案件在两年之内得到处理；制定《促进运用ADR法》以促进建立替代性纠纷解决机制；成立“法律援助中心”等。

（三）其他社会主义国家的司法改革

社会主义国家在世界的现代化、全球化、法治化进程中，纷纷启动并不懈推动着自己的司法体制改革事业。其中，越南、老挝等国都先后启动并至今继续推进，其中尤其以越南为典型。2002年，越共中央政治局发布了08-NQ/TW号决议，提出了“今后一段时期加强司法职能建设”的改革要求；2005年，越共中央政治局发布了第49-NQ/TW号司法改革战略决议，制定并实施《2005年至2020年司法改革战略》。该改革战略的内容包括司法改革的目标和原则、方向与任务以及实施三大部分。这一战略还规定了建立司法改革指导委员会。宣布该委员会的任务包括制订改革方案、行动计划、改革项目和建议以及年度司法改革任务“路线图”，监督检查本司法改革战略的执行情况；组织、研究或者分配相关部门对司法改革过程中出现的新问题开展研究，并向相关负责部门及时报告研究成果，以供决策时参考，等等。该委员会由其国家主席担任主任委员，近十年来，卓有成效地开展着司法改革的指导工作。

三、司法改革：中国法治发展的必然选项

在世界法治发展与司法改革的历史大潮中，中国的司法体制改革正以空前强大的势头向前推进。当前的司法改革，主要是由党的十八届三中全会、四中全会的两个决定，即《中共中央关于全面深化改革若干重大问题的决定》《中共中央关于全面推进依法治国若干重大问题的决定》作顶层设计而进行的。

（一）确保司法公正

司法的目标就是公平正义。在这里，司法公正具有三个层面的要求：一是司法自身必须公平正义，二是司法必须维护社会的公平正

义，三是司法必须让人民群众感受到公平正义。《关于全面深化改革若干重大问题的决定》明确要求：“深化司法体制改革，加快建设公正高效权威的社会主义司法制度，维护人民权益，让人民群众在每一个司法案件中都感受到公平正义。”《关于全面推进依法治国若干重大问题的决定》明确要求：“必须完善司法管理体制和司法权力运行机制，规范司法行为，加强对司法活动的监督，努力让人民群众在每一个司法案件中感受到公平正义。”这是一个崇高而又现实的司法目标。这一目标是整个司法体制改革的出发点和落脚点，也是检验司法体制改革成败的标准。

（二）改革管理体制

我国正在进行的司法体制改革首先是管理体制的改革。根据党中央的统一部署，我们正在推动省以下地方法院、检察院人财物统一管理，将现有的中央、省、地市、县区的四级管理体制改为中央和省级两级管理体制。从人的角度讲，未来法官、检察官将统一由省级遴选委员会产生，再由人大依照法定程序任命。从财与物的角度讲，今后省级及其以下的法院、检察院的财政，将由省级财政统一作出预算安排。

（三）优化职权配置

我们将着力优化司法职权配置，健全司法权力分工负责、互相配合、互相制约机制。由公安机关、检察机关、审判机关、司法行政机关各司其职，实现侦查权、检察权、审判权、执行权的相互配合与相互制约。我们传统上惯于讲公、检、法，现在要更多地讲法、检、公、司。按照新的改革设计，司法行政机关一是有可能获得完整执行权，包括与刑事裁判相关的刑罚执行权和与民事裁判相关的民事执行权；二是有可能获得司法行政事务管理权。相应地，现有的执行权力行使机构或者部门将会向其移转相关权力。由于国家监察委员会制度的创新，既有司法机关的职权配置面临新的课题。

（四）排除内外干预

如何排除来自司法机关内外的干扰，一直是我国司法工作中的难题。这次党中央痛下决心，采取三管齐下综合治理。第一，建立防止外部干预制度。对领导干部干预司法活动、插手具体案件处理的，实行记录、通报和责任追究制度。对干预司法机关办案的领导干部，要给予党纪政纪处分；造成冤假错案或者其他严重后果的，依法追究刑事责任。第二，建立防止内部干预制度。要求司法机关内部人员不得违反规定干预其他人员正在办理的案件，对司法机关内部人员过问案件的情况应予以全面、如实记录，并追究相关责任。第三，建立健全司法人员履行法定职责保护机制。对司法人员予以特别的职业保障，非因法定事由，非经法定程序，不得将法官、检察官调离、辞退或者作出免职、降级等处分。这些措施有力地排除了内外干预，有效地维护了司法的独立性，促进了司法公正。

（五）实行严格司法

实行严格司法制度，首先，要求司法人员必须以事实为根据、以法律为准绳。要求在事实认定上必须符合客观真相，在办案结果上必须体现实体公正，在办案过程上必须体现程序公正。其次，推进以审判为中心的诉讼制度改革。侦查、审查起诉的案件在证据上要经得起法律的检验，全面贯彻证据裁判规则。最后，从制度上明确各类司法人员工作职责、工作流程、工作标准，实行办案质量终身负责制和错案责任倒查问责制。严格司法就是要确保案件处理经得起法律和历史检验，其目的在于有效防止冤假错案的发生，确保司法公正。

（六）推进司法公开

司法公开是司法的人民性、社会性、公共性所决定和要求的。全面推进司法公开，就是要构建开放、动态、透明、便民的阳光司法机制。推进审判公开、检务公开、警务公开、狱务公开，依法及时公开执法司法依据、程序、流程、结果和生效法律文书，杜绝“暗箱操作”。全面建立生效法律文书统一上网和公开查询制度。此外，还要完善人民陪审员制度，以此增强司法的公开性和公信力。保障公民陪审权利，扩大参审范围，完善随机抽选方式，利用科学而公开的选任方式，提高人民陪审制度公信度。人民陪审员不再审理法律适用问题，只参与审理事实认定问题。这是对世界法治发达国家成功经验的重要借鉴，必将有力地推动我国陪审员制度的转型升级。

（七）加强人权保障

司法是人权的重要保障。为此，首先，要以人权保障作为司法的目标，要通过司法来保障人权。其次，要强化诉讼过程中当事人和其他诉讼参与人的各项权利，包括知情权、陈述权、辩护辩论权、申请权、申诉权等。最后，要健全并落实罪刑法定、疑罪从无、非法证据排除等法律原则和法律制度，防止冤假错案的发生。有效打击犯罪、制裁违法，防止冤假错案的发生，是对人权的重大保障。2016年9月12日，国务院新闻办公室发布了《中国司法领域人权保障的新进展》白皮书。约13900字，除前言外共包括四个部分，分别是不断健全人权司法保障机制、进一步完善人权司法保障程序、努力提高人权司法保障执行力和切实保障被羁押人合法权利。

（八）强化司法监督

司法权作为国家公权力之一，同样需要监督。对于司法权的监督要倍加小心与审慎，因为在发挥监督作用的同时，必须防范监督演变成为干预或者干涉，防止以监督为名的干预与干涉，避免监督异化为司法公正的阻力与障碍。就目前的司法监督来说，首先，必须规范司法人员与当事人、律师、特殊关系人、中介组织等的接触与交往。防止利益输送，防止腐败现象出现，为司法公正提供前提性的保障措施。其次，进一步完善人民检察院对于执法、司法活动的监督，对于刑事诉讼、民事诉讼、行政诉讼活动的监督，确保司法公正。最后，要正确处理媒体与司法之间的关系，防止舆论代替审判和舆论左右审判。既要保证舆论监督切实发挥作用，又要确保司法机关依法独立行使职权。建构科学的司法监督制度机制，还需要艰苦探索，也是一个不断试错的过程。只是希望这个过程尽可能缩短时间，使人民少付出不必要的代价，使司法监督日益科学和完善，最终促进司法公正，实现司法为民的终极目标。

（九）改革人事制度

司法体制改革中的人事制度改革，是极为重要的组成部分。其内容也极为丰富，主要包括以下几个方面：一是对司法机关的工作人员实行分类管理，将司法官员与司法部门的行政人员、辅助人员相区别，实行不同的管理制度。二是建立司法人员统一招录、有序交流的制度。这是推进法治专门队伍正规化、专业化、职业化，提高职业素养和专业水平的现实需要。三是对法官、检察官实行逐级遴选。确保上一级司法机关的司法官员来自下一级司法机关，确保上级司法官员具有更大的权威性和公信力。四是实行司法人员职业保障制度。其中包括职位、身份、薪酬等职业保障在内，从而为司法人员消除后顾之忧，并具有令人敬重的职业尊荣。

（十）完备法律服务

完善法律服务体系，是推进司法体制改革的必然要求。没有相应的服务体系建设，司法体制改革的措施就难以到位，也难以收到预期的效果。具体来说，就是要建设完备的法律服务体系。要推进覆盖城乡居民的公共法律服务体系建设，确保法律服务全覆盖。要完善法律援助制度。对不服司法机关生效裁判、决定的申诉，逐步实行由律师代理制度。将无钱聘请律师的刑事被告人、聘请不起律师的申诉人纳入法律援助范围。健全司法救助体系。加大律师队伍建设力度，使社会律师、公职律师、公司律师等优势互补、结构合理的律师队伍得到完善和发展。引导公众通过司法来化解矛盾纠纷，使司法成为社会矛盾纠纷最终的有效解决机制。

（本讲稿是2015—2019年为中央党校“五当代大报告”之“当代世界法制”课程所撰写的，编入本书时作了部分修订）

第十三讲
世界视野中的新中国民法典

十三届全国人大三次会议于2020年5月28日通过了《中华人民共和国民法典》，随即国家主席习近平签署主席令公布了这一重要法典。这一法典于2021年1月1日开始实施，同时与此相关的婚姻法、继承法、民法通则、收养法、担保法、合同法、物权法、侵权责任法、民法总则9部重要法律相应废止。在全国人大通过该法的第二天即5月29日下午，中共中央政治局就"切实实施民法典"举行了十九届中共中央政治局第二十次集体学习。习近平总书记在主持学习时发表了重要讲话。根据习近平总书记的相关论述，我讲三个问题：关于民法典的政治认知，对于民法典的法理解读，推动民法典的有效实施。

一、关于民法典的政治认知

（一）政治定性

在习近平总书记看来，《中华人民共和国民法典》"是一部体现我国社会主义性质、符合人民利益和愿望、顺应时代发展要求的民法典，是一部体现对生命健康、财产安全、交易便利、生活幸福、人格尊严等各方面权利平等保护的民法典，是一部具有鲜明中国特色、实践特色、时代特色的民法典”[①]。这里至少有六重政治定性。第一，它是一部社会主义性质的民法典。第二，它是一部符合人民利益的民法典。第三，它是一部顺应时代要求的民法典。第四，它是一部保护生命健康、财产安全、交易便利、生活幸福、人格尊严等权利的法典。第五，它是一部权利平等保护的民法典。第六，它是一部具有鲜明中国特色、实践特色、时代特色的民法典。

（二）历史渊源

习近平总书记认为，民法典系统整合了新中国70多年来长期实践形成的民事法律规范，汲取了中华民族5000多年的优秀法律文化，借鉴了人类法治文明建设有益成果。在我国革命、建设、改革各个历史时期，我们党都高度重视民事法律制定实施。改革开放以来，我国民事商事法制建设步伐不断加快，先后制定或修订了一大批民事商事法律，为编纂民法典奠定了基础，积累了经验。党的十八大以来，我们顺应实践发展要求和人民群众期待，把编纂民法典摆上重要日程。党的十八届四中全会作出《中共中央关于全面推进依法治国若干重大问题的决定》，其中对编纂民法典作出了部署。在各方面共同努力下，经过5年多工作，民法典终于颁布实施，实现了几代人的夙愿。

沿着习近平总书记的思路，说到人类法治文明建设的有益成果，我们的思绪就被带到了古罗马时代。古罗马历史跨度很长，公元前454年，罗马元老院被迫承认公民大会制定法典的决议。同时设立法典编纂委员10人，也称为“十人立法委员会”。公元前451年制定

① 《习近平在中央政治局第二十次集体学习时强调充分认识颁布实施民法典重大意义依法更好保障人民合法权益》，《人民日报》2020年5月30日。

出法律十表，第二年又补充二表，形成十二表，成为著名的“十二表法”。镌刻在十二块铜表上，悬挂在罗马广场，被称作“十二铜表法”，内容包括传唤、审判、求偿、家父权、继承及监护、所有权及占有、房屋及土地、私犯、公法、宗教法等。1世纪前后古罗马扩张成为横跨欧亚非、称霸地中海的庞大罗马帝国，古罗马法也随之传播开去。到395年，罗马帝国分裂为东西两部分。西罗马帝国于476年灭亡，东罗马帝国（即拜占庭帝国）在1453年为奥斯曼帝国所灭。整个古罗马历史前后长达约10个世纪。在东罗马帝国时期，皇帝查士丁尼任命法学家特立波尼安等10人在529年编定了在古罗马法制史上划时代的《查士丁尼法典》。同时，他又任命一个法学家委员会大规模整理法庭判例，于533年完成了《判例汇编》。为便于初学者或法官理解法典与判例，又组织编撰完成了《法律原理》。这三部巨著合起来就是后人所称的古罗马《民法大全》，其包含的法律、判例、法理，就是后来大陆法系法庭判案最重要的三大依据。古罗马时代的法律是古代社会“法治”的典型代表。古罗马的法律就是以民法为代表的法律，整部《查士丁尼法典》可被称为民法典。

在古罗马之后，西方经历了中世纪的黑暗时期，法律也进入了黑暗时期，然后有了资产阶级革命，这场革命带来了生产力的解放，也迎来了法治文明。其首要代表就是《法国民法典》（1804年）的诞生，《德国民法典》（1896年）的跟进与《日本民法典》（1895年借鉴《法国民法典》制定了《日本民法典》，1896年又借鉴《德国民法典》制定了新的《日本民法典》）及《瑞士民法典》等的亦步亦趋。

讲到这里，就会有人问：中国古代有民法典吗？实事求是地说中国古代没有民法典。有民法吗？肯定地说，有。中国法律从来就有调整民事关系的法律。只是中国传统社会解决民事争端的手段往往是民事手段与刑罚手段并用，而且以刑罚手段著称，于是就导致了许多人从刑罚角度来解读——以为中国古代没有民法的误解。其实我们是有民法的，只是没有专门的民法典，它普遍采用了刑罚方法解决某些民事争端。中国古代最早的成文法典是战国时期的《法经》，由李悝编纂，包括盗、贼、囚、捕、杂、具六篇。盗法，是保护公私财产不受到侵犯的法律；贼法，是有关危害政权稳定和人身安全的法律；囚法，是有关审判、断狱的法律；捕法，是有关追捕和惩罚罪犯的法律；杂法，是处罚狡诈、越城、赌博、贪污等犯罪行为的法律；具法，是规定定罪量刑的通例与原则的法律。大家可以看到它是以刑法和刑罚为主，民事争端被放到了“盗”和“贼”之中。发展到中国封建社会顶峰的唐朝就不一样了。《唐律》作为中华法系的代表，它包含着对于大量民事争端的处理，民事法律的内容成为法典的重要组成部分，但遗憾而有趣的是它依然采用刑罚手段来惩罚民事违法行为。

1840年鸦片战争之后，中国被迫开放，被迫向西方学习。1907年清王朝决定起草《大清民律草案》，至1911年8月完成起草，但还没有来得及通过立法程序，一场伟大的辛亥革命宣告了它的彻底终结。大清帝国给后世留下了一部永永远远的民律草案。历史的指针指向了1929年，在国民党政权的主导下开始了《中华民国民法典》的起草工作。该法典于1931年完成，1949年后仅仅适用于我国台湾地区。

1949年新中国成立之后，在中国共产党领导下开始了制定民法典的艰难探索。具体来说有“四起四落”，第一次“起”是1954年，全国人大常委会组织力量起草民法典，后因反右派斗争扩大化而中断。

第二次“起”是1962年，民法典起草工作再次被提上议程，1964年完成了草案（试拟稿），后因“文化大革命”而停止。第三次“起”是1979年，全国人大常委会第三次组织民法典起草工作，1982年形成民法草案第四稿，但并未正式通过成为法律，而是以其为基础制定了《中华人民共和国民法通则》。第四次“起”是2002年，九届全国人大常委会第三十一次会议审议民法草案。之后，由于物权法尚未制定，再加之对民法草案认识的分歧较大等原因，民法草案被搁置下来。最近一次也就是第五次“起”，是2014年10月，党的十八届四中全会作出《中共中央关于全面推进依法治国若干重大问题的决定》，明确提出编纂民法典，历史掀开了新一页。经过5年努力，直至2020年5月28日，一部崭新的《中华人民共和国民法典》横空出世。

（三）重大意义

民法典在中国特色社会主义法律体系中具有重要地位，其意义极为重大。习近平总书记指出，它是一部固根本、稳预期、利长远的基础性法律，对推进全面依法治国、加快建设社会主义法治国家，对发展社会主义市场经济、巩固社会主义基本经济制度，对坚持以人民为中心的发展思想、依法维护人民权益、推动我国人权事业发展，对推进国家治理体系和治理能力现代化，都具有重大意义。

1.完善法律体系

民法典是“固根本、稳预期、利长远的基础性法律”。中国特色的社会主义法律体系，是以宪法为核心，包括宪法以及宪法性法律法规、行政法、民法、刑法等构成的统一整体。由此可见，民法典在整个法律体系中具有举足轻重的地位和重大作用。

2.推进依法治国

“推进全面依法治国、加快建设社会主义法治国家。”全面依法治国，加快建设社会主义法治国家，必然要求国家治理包括社会治理的法治化。我们从民法典的内容就可以看到它所具有的重大意义。民法典被称为“社会生活的百科全书”，是新中国第一部以法典命名的法律，共7编，1260条，内容包括总则、物权、合同、人格权、婚姻家庭、继承、侵权责任以及附则8个部分。

3.发展市场经济

发展社会主义市场经济、巩固社会主义基本经济制度。民法典是市场经济的法典，它所规定的物权、合同、侵权责任等内容是市场经济不可缺少的内容。可以认为中国民法之所以相对滞后，与我国市场经济的不发达有关。反过来，民法的不发达又制约了市场经济的发展。这就是马克思主义经济基础与上层建筑之间关系的现实例证。市场经济是经济基础，民法典是上层建筑，二者之间有着决定与被决定、作用与反作用的关系。

4.维护人民权益

坚持以人民为中心的发展思想，依法维护人民权益，推动我国人权事业发展。整个民法典都体现了以人民为中心的思想，维护人民权益的思想和推动人权事业发展的思想。尤其是党中央和全国人大毅然决然地将人格权法作为独立的一编列入民法典，体现了我们党在保障人民权利与推动人权事业上的坚定决心和满怀信心。

5.推进国家治理现代化

2019年党的十九届四中全会审议通过了《中共中央关于坚持和完善中国特色社会主义制度 推进国家治理体系和治理能力现代化若干重大问题的决定》。这一决定把党的领导、人民当家作主、依法治国有机统一作为最重大的问题，作为基本经验来总结并坚持。就依法治国来说，制定和实施好民法典无疑是完善中国特色社会主义法律制度的重要举措。

我国的民法典在2021年1月1日开始实施，此前，我国并不是没有民事法律法规，而是没有统一的民法典。《中华人民共和国婚姻法》《中华人民共和国继承法》《中华人民共和国民法通则》《中华人民共和国收养法》《中华人民共和国担保法》《中华人民共和国合同法》《中华人民共和国物权法》《中华人民共和国侵权责任法》《中华人民共和国民法总则》，都是现行法律，它们在民法典生效前都发挥着重要作用。它们在2021年1月1日民法典生效时，就成了历史文献。没有这些法律法规的准备和过渡，就没有今天的民法典，因此我们要为曾经为此历经艰辛的政治家、法学家和亿万人民群众点赞，感谢他们的辛勤付出。

二、对于民法典的法理解读

（一）民法典是保障人民权利的法典

人民权益是民法典的神圣目标。习近平总书记强调，要讲清楚实施好民法典，是坚持以人民为中心、保障人民权益实现和发展的必然要求。

说到民法典是保障人民权益的法典，我们从民法典的内容就可以看到。它包含的总则编、物权编、合同编、人格权编、婚姻家庭编、继承编、侵权责任编以及附则，每一编都是围绕人民权益的保障而展开的。

从法律的本质上讲，社会主义法是人民意志的体现，人民意志的基础是人民的利益。人民利益的法律表达就是每个公民乃至社会成员、法人、其他社会组织所依法享有的各项法律权利。即使法律字面上表现出来的是义务的规定，其目的也是保护权利人的权利，也是为权利而设定的义务。保障人民权益是民法典的政治目标与价值追求。

在人民权益保护上，我国民法典采取了两个方面的措施，一方面直接保护自然人、法人的合法权益，如物权编、合同编、人格权编、婚姻家庭编、继承编；另一方面要求尊重别人的合法权益，如侵权责任篇。不论是通过直接规定权利而保护权利，还是通过惩罚侵权而保护权利，都是对权利的保护。民法典要么直接规定权利，要么就是惩罚侵权，都是为了保障权利，所以说民法典是保障人民权益的法典。

（二）民法典是发展市场经济的法典

习近平总书记指出，民法典是发展社会主义市场经济、巩固社会主义基本经济制度的必然要求。民法典与市场经济之间的关系也就不言而喻，我们完全可以说，民法典是发展社会主义市场经济的法典。

市场经济是我国基本经济制度的重要内容。根据党的十九届四中全会《决定》的概括，我国的基本经济制度就是公有制为主体、多种所有制经济共同发展，按劳分配为主体、多种分配方式并存，以及社会主义市场经济体制等。市场经济就是法治经济。作为法治经济的最佳体现无疑是民商法。我国一直主张并实行的是民商合一的立法体例和司法模式。民法商法一体化是传统，也是现实。这次编纂的民法典也是民商合一的典型代表。它进一步确认和确立了我国的民商事法律制度，为中国市场经济发展提供最强大的法律制度支撑，必将成为中国市场经济发展最重要的制度基石。民法典为各种民商事活动提供了更好的基本遵循，必将更好地调动民事主体的积极性和创造性，更好地维护交易安全、推动公开公平公正竞争、维护市场秩序、营造良好的市场经济的法治环境，为市场经济的高质量发展保驾护航。我国民法典中的物权编、合同编、侵权责任编都是市场经济必不可少的制度载体。由于整个民法典都是以市场经济作为基础、条件和目标的，例证俯拾皆是，所以在这里就不再论证。

（三）民法典是链接权利权力的法典

习近平总书记指出，国家机关履行职责、行使职权必须清楚自身行为和活动的范围和界限。各级党和国家机关开展工作时要考虑民法典规定，不能侵犯人民群众享有的合法民事权利，包括人身权利和财产权利。有关政府机关、监察机关、司法机关要依法履行职能、行使职权，保护民事权利不受侵犯、促进民事关系和谐有序。民法典与公权力之间的关系是一个极为重要的议题。

第一，民法典必须由最高公权力机关制定的。我国的民法典是保障私权的法典，它是由最高国家权力机关全国人民代表大会制定的。全国人民代表大会是我国等级最高的公权力机关。我国宪法第二条就规定："中华人民共和国的一切权力属于人民。""人民行使国家权力的机关是全国人民代表大会和地方各级人民代表大会。"我国的民法典是由十三届全国人大三次会议通过的。如果未来的历史学家要描述十三届人大三次会议的历史贡献，从立法来看，肯定是它通过了《中华人民共和国民法典》。

第二，民法典必须以公法作为根据和条件。大家看看我国民法典第一条就明白了。它规定："为了保护民事主体的合法权益，调整民事关系，维护社会和经济秩序，适应中国特色社会主义发展要求，弘扬社会主义核心价值观，根据宪法，制定本法。"宪法是民法典的立法根据。在十九届中共中央政治局第二十次集体学习时，习近平总书记强调："有关国家机关要适应改革开放和社会主义现代化建设要求，加强同民法典相关联、相配套的法律法规制度建设，不断总结实践经验，修改完善相关法律法规和司法解释。对同民法典规定和原则不一致的国家有关规定，要抓紧清理，该修改的修改，该废止的废止。"①这里所讲的"相关联、相配套的法律法规"或者"相关法律法规"既有大量的民事法规，也有大量的行政法规。

第三，民法典必须依赖公权力的保障。一是行政权的保障。政府历来都是特别重要的，没有行政权力的支持配合尤其是遵守执行，就不会有民法典很好的贯彻实施。二是司法权的保障。司法权是国家公权，是裁判权，一旦发生争议，司法机关的介入就成为最终的解决手段。对于这两个问题，我将其放到"贯彻执行"那一部分作进一步阐释，在此从略。

---

① 《习近平在中央政治局第二十次集体学习时强调　充分认识颁布实施民法典重大意义　依法更好保障人民合法权益》，《人民日报》2020年5月30日。

第四，民法典必须制约公权力。民法典的观念与理论要求，核心都是要处理好国家公权力与人民权利，也就是权力与权利之间的关系。从法理上讲，一是必须坚持人民权利优先的总原则。在个人权利与公权力抵触时，让步的一般都应当是公权力，特殊情况下的公权力优先，既要有特殊情况和法律规定，还会伴随着等额赔偿。例如，强制征收、拆迁等，就是典型例证。总之，任何公权力在总体上都必须对人民权利让步。二是坚持公权力为人民权利服务的宗旨，保障个人权利是公权力的职责，因此对于个人权利，政府不能拒绝行政保护，法院不能拒绝司法保护。三是必须坚持法治原则。权力必须自我约束，并根据法律来自我约束。权力的自我约束是政治自觉，也是法治的要求。

（四）民法典是注重环境保护的法典

在全世界，我国民法典率先将绿色原则列为基本原则。它的总则“基本规定”中规定：“民事主体从事民事活动，应当有利于节约资源、保护生态环境。”（第9条）这就是人民所说的“绿色原则”。除了总体上的原则要求之外，民法典分编有大量条文规定了“绿色义务”，从而构成了人们所称的“绿色条款体系”。

在物权编规定了相关的事项：（1）业主的相关义务及责任。业主应当遵守法律、法规以及管理规约，相关行为应当符合节约资源、保护生态环境的要求（第286条）。（2）自然资源有偿使用制度（第325条）。（3）用益物权人合理开发资源的义务（第326条）。（4）建设用地使用权应当符合节约资源、保护生态环境的要求（第346条）。

在合同编中规定：（5）当事人在履行合同过程中应当避免浪费资源、污染环境和破坏生态（第509条）。（6）旧物回收义务（第558

条)。(7)应当采取足以保护标的物且有利于节约资源、保护生态环境的包装方式(第619条)。

在侵权责任编中(该编第七章题目就是“环境污染和生态破坏责任”)规定:(8)污染环境、破坏生态致损的侵权责任(第1229条)。(9)环境污染、生态破坏侵权举证责任(第1230条)。(10)两个以上侵权人污染环境、破坏环境、承担责任的大小确定。(第1231条)。(11)环境污染、生态破坏侵权的惩罚性赔偿(第1232条)。(12)因第三人的过错污染环境、破坏生态的侵权责任(第1233条)。(13)生态环境修复责任(第1234条)。(14)公益诉讼的赔偿范围(第1235条)等。

(五)民法典是适应时代要求的法典

1.适应价值观变化的时代要求

民法典将“弘扬社会主义核心价值观”(富强、民主、文明、和谐、自由、平等、公正、法治、爱国、敬业、诚信、友善)作为立法目的之一(第1条)。体现在家庭生活、社会生活、诉讼时效等方面的例证如下。

在婚姻家庭方面。一是在结婚条件上,规定重大疾病不再是禁止结婚的理由,增加一方隐瞒重大疾病,另一方可以向法院请求撤销婚姻(第1053条)。二是“对重婚导致的无效婚姻的财产处理,不得侵害合法婚姻当事人的财产权益。当事人所生的子女,适用本法关于父母子女的规定”(第1054条)。三是保护无过错方。“婚姻无效或者被撤销的,无过错方有权请求损害赔偿。”(第1054条)

在社会生活方面，一是规定正当防卫和紧急避险的民事责任。“因正当防卫造成损害的，不承担民事责任。正当防卫超过必要的限度，造成不应有的损害的，正当防卫人应当承担适当的民事责任。”（第181条）“因紧急避险造成损害的，由引起险情发生的人承担民事责任。危险由自然原因引起的，紧急避险人不承担民事责任，可以给予适当补偿。紧急避险采取措施不当或者超过必要的限度，造成不应有的损害的，紧急避险人应当承担适当的民事责任。”（第182条）二是规定受益人责任。“因保护他人民事权益使自己受到损害的，由侵权人承担民事责任，受益人可以给予适当补偿。没有侵权人、侵权人逃逸或者无力承担民事责任，受害人请求补偿的，受益人应当给予适当补偿。”（第183条）三是增加好意同乘减责的规定，更好地体现社会公正，弘扬友爱的社会公德与美德。民法典规定，“非营运机动车发生交通事故造成无偿搭乘人损害，属于该机动车一方责任的，应当减轻其赔偿责任”（第1217条）。

关于诉讼时效规定：“诉讼时效期间届满的，义务人可以提出不履行义务的抗辩。诉讼时效期间届满后，义务人同意履行的，不得以诉讼时效期间届满为由抗辩；义务人已经自愿履行的，不得请求返还。”（第192条）请求停止侵害、排除妨碍、消除危险的等请求权不适用诉讼时效的规定（第196条）。

2.适应互联网发展的时代要求

一是关于电子合同的规定。“通过互联网等信息网络订立的电子合同的标的为交付商品并采用快递物流方式交付的，收货人的签收时间为交付时间。电子合同的标的为提供服务的，生成的电子凭证或者实物凭证中载明的时间为提供服务时间；前述凭证没有载明时间或者载明时间与实际提供服务时间不一致的，以实际提供服务的时间为准。电子合同的标的物为采用在线传输方式交付的，合同标的物进入对方当事人指定的特定系统且能够检索识别的时间为交付时间。”（第512条）

二是对于数据、网络虚拟财产保护的原则性规定。“法律对数据、网络虚拟财产的保护有规定的，依照其规定。”（第127条）看起来极为简略的一句话，但它确认了一种新的财产形式——虚拟财产。

三是禁止利用信息技术手段侵害肖像权以及对自然人声音、网名的法律保护。“任何组织或者个人不得以丑化、污损，或者利用信息技术手段伪造等方式侵害他人的肖像权。”（第1019条）“对自然人声音的保护，参照适用肖像权保护的有关规定。”（第1023条）“具有一定社会知名度，被他人使用足以造成公众混淆的笔名、艺名、网名、译名、字号、姓名和名称的简称等，参照适用姓名权和名称权保护的有关规定。”（第1017条）其中的“信息技术”“自然人声音”“网名”都是在计算机、互联网时代才可能涉及的权利保护。

3.适应高科技进步的时代要求

科技的发展给人类社会生活带来了极大的变化，民事活动及其法律规范也必须与之相适应，翻阅民法典就可以发现以下的例证。

一是规范与人体基因、胚胎等有关的医学和科研活动。“从事与人体基因、人体胚胎等有关的医学和科研活动，应当遵守法律、行政法规和国家有关规定，不得危害人体健康，不得违背伦理道德，不得损害公共利益。”（第1009条）

二是关于隐私权和个人信息保护的规定，涉及大量的高科技问题。“个人信息是以电子或者其他方式记录的能够单独或者与其他信息结合识别特定自然人的各种信息，包括自然人的姓名、出生日期、身份证件号码、生物识别信息、住址、电话号码、电子邮箱、健康信息、行踪信息等。”（第1034条）

三是增加打印、录像录音形式的立遗嘱形式。明确了对遗嘱人和见证人的具体要求等。“以录音录像形式立的遗嘱，应当有两个以上见证人在场见证。遗嘱人和见证人应当在录音录像中记录其姓名或者肖像，以及年、月、日。”（第1137条）这些都是随着科技发展与时俱进的反映。

三、推动民法典的有效实施

（一）提升认识

习近平总书记明确提出，民法典实施水平和效果，是衡量各级党政机关履行为人民服务宗旨的重要尺度。他告诉我们：必须把实施提升到新的高度——履行为人民服务宗旨的高度——来认识，关键是看效果，这就意味着实施民法典不能只是停留在口头上，必须落实到行动中，体现在水平和效果上。

（二）配套立法

习近平总书记强调：“有关国家机关要适应改革开放和社会主义

现代化建设要求，加强同民法典相关联、相配套的法律法规制度建设，不断总结实践经验，修改完善相关法律法规和司法解释。对同民法典规定和原则不一致的国家有关规定，要抓紧清理，该修改的修改，该废止的废止。要发挥法律解释的作用，及时明确法律规定含义和适用法律依据，保持民法典稳定性和适应性相统一。随着经济社会不断发展、经济社会生活中各种利益关系不断变化，民法典在实施过程中必然会遇到一些新情况新问题。要坚持问题导向，适应技术发展进步新需要，在新的实践基础上推动民法典不断完善和发展。”①民法典颁布之后，大量的经济行政立法都涉及修改完善的问题，立法任务还十分艰巨。

（三）严格执法

习近平总书记指出：“各级政府要以保证民法典有效实施为重要抓手推进法治政府建设，把民法典作为行政决策、行政管理、行政监督的重要标尺，不得违背法律法规随意作出减损公民、法人和其他组织合法权益或增加其义务的决定。要规范行政许可、行政处罚、行政强制、行政征收、行政收费、行政检查、行政裁决等活动，提高依法行政能力和水平。依法严肃处理侵犯群众合法权益的行为和人员。”②

“民事案件同人民群众权益联系最直接最密切。”③不执行和遵守民法典的行政就不是依法行政；不执行和遵循民法典的政府也不是法

① 《习近平在中央政治局第二十次集体学习时强调　充分认识颁布实施民法典重大意义依法更好保障人民合法权益》，《人民日报》2020年5月30日。
② 《习近平在中央政治局第二十次集体学习时强调　充分认识颁布实施民法典重大意义依法更好保障人民合法权益》，《人民日报》2020年5月30日。
③ 《习近平在中央政治局第二十次集体学习时强调 充分认识颁布实施民法典重大意义依法更好保障人民合法权益》，《人民日报》2020年5月30日。

治政府。实施民法典是对政府的法治化要求，是法治政府建设最基本的方面。

（四）公正司法

习近平总书记要求："各级司法机关要秉持公正司法，提高民事案件审判水平和效率。要加强民事司法工作，提高办案质量和司法公信力。要及时完善相关民事司法解释，使之同民法典及有关法律规定和精神保持一致，统一民事法律适用标准。要加强对涉及财产权保护、人格权保护、知识产权保护、生态环境保护等重点领域的民事审判工作和监督指导工作，及时回应社会关切。要加强民事检察工作，加强对司法活动的监督，畅通司法救济渠道，保护公民、法人和其他组织合法权益，坚决防止以刑事案件名义插手民事纠纷、经济纠纷。要充分发挥律师事务所和律师等法律专业机构、专业人员的作用，帮助群众实现和维护自身合法权益，同时要发挥人民调解、商事仲裁等多元化纠纷解决机制的作用，加强法律援助、司法救助等工作，通过社会力量和基层组织务实解决民事纠纷，多方面推进民法典实施工作。"①

大量的民商事纠纷一旦发生，我们可以通过协商、调解、仲裁等多个路径解决，但是司法解决无疑是最终的解决。虽然仲裁机构裁决的效力与人民法院的判决具有同等效力，但还是有很大不同。在当前至少有两点差异：一是人民法院可以对国内仲裁结果进行程序性审查乃至予以撤销，二是仲裁裁决的执行还得依赖人民法院的执行机构和

① 《习近平在中央政治局第二十次集体学习时强调 充分认识颁布实施民法典重大意义 依法更好保障人民合法权益》，《人民日报》2020 年 5 月 30 日。

执行程序。

（五）广泛普法

习近平总书记强调："民法典要实施好，就必须让民法典走到群众身边、走进群众心里。要广泛开展民法典普法工作，将其作为'十四五'时期普法工作的重点来抓，引导群众认识到民法典既是保护自身权益的法典，也是全体社会成员都必须遵循的规范，养成自觉守法的意识，形成遇事找法的习惯，培养解决问题靠法的意识和能力。要把民法典纳入国民教育体系，加强对青少年民法典教育。""要聚焦民法典总则编和各分编需要把握好的核心要义和重点问题，阐释好民法典关于民事活动平等、自愿、公平、诚信等基本原则，阐释好民法典关于坚持主体平等、保护财产权利、便利交易流转、维护人格尊严、促进家庭和谐、追究侵权责任等基本要求，阐释好民法典一系列新规定新概念新精神。"①

讲到这里，大家会问：我们的民法典就已经完美无缺了吗？回答，当然不是。正如习近平总书记在十九届中共中央政治局第二十次集体学习时所指出的："随着经济社会不断发展、经济社会生活中各种利益关系不断变化，民法典在实施过程中必然会遇到一些新情况新问题。要坚持问题导向，适应技术发展进步新需要，在新的实践基础上推动民法典不断完善和发展。"

最后，让我们以习近平总书记在十九届中共中央政治局第二十次集体学习时讲话的结束语结束今天的课程："各级党和国家机关要带

① 《习近平在中央政治局第二十次集体学习时强调　充分认识颁布实施民法典重大意义　依法更好保障人民合法权益》，《人民日报》2020年5月30日。

头宣传、推进、保障民法典实施，加强检查和监督，确保民法典得到全面有效执行。各级领导干部要做学习、遵守、维护民法典的表率，提高运用民法典维护人民权益、化解矛盾纠纷、促进社会和谐稳定能力和水平。”①

（本讲稿是2020年6月初为中央党校春季学员“当代世界大报告”课程而准备的，后因北京市新发地市场发生新冠肺炎疫情而未能开学，该讲稿也就未能在夏季学期使用）

① 《习近平在中央政治局第二十次集体学习时强调 充分认识颁布实施民法典重大意义 依法更好保障人民合法权益》，《人民日报》2020 年 5 月 30 日。

第十四讲
全面依法治国的重要论述

习近平关于全面依法治国的重要论述是习近平新时代中国特色社会主义思想重要的组成部分。在习近平总书记看来，“全面依法治国是中国特色社会主义的本质要求和重要保障。必须把党的领导贯彻落实到依法治国全过程和各方面，坚定不移走中国特色社会主义法治道路，完善以宪法为核心的中国特色社会主义法律体系，建设中国特色社会主义法治体系，建设社会主义法治国家”[①]。

一、全面依法治国的总目标

（一）建设中国特色社会主义法治体系，建设社会主义法治国家

党的十八届四中全会明确提出了全面推进依法治国的总目标，即建设中国特色社会主义法治体系，建设社会主义法治国家。习近平总书记指出：“提出这个总目标，既明确了全面推进依法治国的性质和

① 习近平：《决胜全面建成小康社会 夺取新时代中国特色社会主义伟大胜利——在中国共产党第十九次全国代表大会上的报告》，《人民日报》2017 年 10 月 28 日。

方向，又突出了全面推进依法治国的工作重点和总抓手。”[①]中国特色社会主义法治体系是一个内容丰富的整体。这个体系包括“4+1”五个方面（“子体系”）的具体内容：完备的法律规范体系、高效的法治实施体系、严密的法治监督体系、有力的法治保障体系，以及完善的党内法规体系。

（二）坚持党的领导、人民当家作主、依法治国有机统一

坚持党的领导、人民当家作主、依法治国有机统一，是中国共产党长期执政、发展社会主义民主政治和建设社会主义法治国家的时代要求。首先，三者统一是社会主义法治建设的基本经验。习近平总书记指出：“坚持中国特色社会主义政治发展道路，关键是要坚持党的领导、人民当家作主、依法治国有机统一，以保证人民当家作主为根本，以增强党和国家活力、调动人民积极性为目标，扩大社会主义民主，发展社会主义政治文明。”[②]在《关于〈中共中央关于全面推进依法治国若干重大问题的决定〉的说明》中，习近平总书记指出：“把坚持党的领导、人民当家作主、依法治国有机统一起来是我国社会主义法治建设的一条基本经验。我国宪法以根本法的形式反映了党领导人民进行革命、建设、改革取得的成果，确立了在历史和人民选择中形成的中国共产党的领导地位。对这一点，要理直气壮讲、大张旗鼓讲。”[③]其次，坚持党的领导是社会主义法治的根本要求。习近平总书记

① 习近平：《关于〈中共中央关于全面推进依法治国若干重大问题的决定〉的说明》，《人民日报》2014 年 10 月 29 日。
② 习近平：《论坚持全面依法治国》，中央文献出版社 2020 年版，第 11 页。
③ 习近平：《关于〈中共中央关于全面推进依法治国若干重大问题的决定〉的说明》，《人民日报》2014 年 10 月 29 日。

记在该决定的说明中特别强调："坚持党的领导，是社会主义法治的根本要求，是党和国家的根本所在、命脉所在，是全国各族人民的利益所系、幸福所系，是全面推进依法治国的题中应有之义。"①再次，人民代表大会制度是其根本的制度安排。习近平总书记在庆祝全国人民代表大会成立60周年大会上的讲话中进行了系统阐述，他强调："在中国，发展社会主义民主政治，保证人民当家作主，保证国家政治生活既充满活力又安定有序，关键是要坚持党的领导、人民当家作主、依法治国有机统一。人民代表大会制度是坚持党的领导、人民当家作主、依法治国有机统一的根本制度安排。"②最后，要正确处理党的政策和国家法律的关系。习近平总书记指出："坚持党的领导，就是要支持人民当家作主，实施好依法治国这个党领导人民治理国家的基本方略。既要坚持党对政法工作的领导不动摇，又要加强和改善党对政法工作的领导，不断提高党领导政法工作能力和水平。"③"我们党的政策和国家法律都是人民根本意志的反映，在本质上是一致的。党既领导人民制定宪法法律，也领导人民执行宪法法律，做到党领导立法、保证执法、带头守法。政法工作要自觉维护党的政策和国家法律的权威性，确保党的政策和国家法律得到统一正确实施。"④

（三）坚持依法治国、依法执政、依法行政共同推进

2012年12月，在首都各界纪念现行宪法公布施行30周年大会上，

① 习近平：《关于〈中共中央关于全面推进依法治国若干重大问题的决定〉的说明》，《人民日报》2014年10月29日。
② 习近平：《在庆祝全国人民代表大会成立六十周年大会上的讲话》，《求是》2019年第18期。
③ 《习近平谈治国理政》第1卷，外文出版社2018年版，第147页。
④ 《习近平谈治国理政》第1卷，外文出版社2018年版，第147—148页。

习近平总书记首次提出，坚持依法治国、依法执政、依法行政共同推进。2013年2月，习近平总书记在主持十八届中共中央政治局第四次集体学习时指出:“坚持依法治国、依法执政、依法行政共同推进。”①依法治国、依法执政、依法行政是一个有机联系的整体，三者具有内涵的统一性、目标的一致性、作用的相关性，必须彼此协调、共同推进、形成合力。依法治国必须着眼全局、全面部署，努力确保依法执政、依法行政与之齐头并进。

（四）坚持法治国家、法治政府、法治社会一体建设

2012年12月4日，在首都各界纪念现行宪法公布施行30周年大会上，习近平总书记首次提出，坚持法治国家、法治政府、法治社会一体建设。2013年2月23日，在主持十八届中共中央政治局第四次集体学习时的讲话中，他指出:“坚持法治国家、法治政府、法治社会一体建设，不断开创依法治国新局面。”②法治国家、法治政府、法治社会，三者相互联系、内在统一，是法治建设的三个方面，缺少任何一个方面，全面推进依法治国的总目标就无法实现。在全面推进依法治国进程中，必须将法治国家、法治政府、法治社会建设同步规划、同步实施、一体建设。

（五）实现科学立法、严格执法、公正司法、全民守法

党的十八大提出“科学立法、严格执法、公正司法、全民守法”

① 《习近平谈治国理政》第1卷，外文出版社2018年版，第144页。
② 《习近平谈治国理政》第1卷，外文出版社2018年版，第144页。

后，习近平总书记多次具体阐释这个问题。就科学立法来说，在首都各界纪念现行宪法公布施行30周年大会上，习近平总书记要求，要以宪法为最高法律规范，继续完善以宪法为统帅的中国特色社会主义法律体系，实现国家和社会生活制度化、法制化。2013年2月23日，在十八届中共中央政治局第四次集体学习时，他提出，要提高立法科学化、民主化水平。就严格执法来说，习近平总书记多次强调要严格执法。他指出，国务院和地方各级人民政府作为国家权力机关的执行机关，作为国家行政机关，负有严格贯彻实施宪法和法律的重要职责，要规范政府行为，切实做到严格规范公正文明执法。就公正司法，他认为公平正义是政法工作生命线，要“努力让人民群众在每一个司法案件中都感受到公平正义”。他强调这是所有司法机关的工作目标，要围绕这一目标重点解决影响司法公正和制约司法能力的深层次问题。就全民守法，他在首都各界纪念现行宪法公布施行30周年大会上指出：“我们要通过不懈努力，在全社会牢固树立宪法和法律的权威，让广大人民群众充分相信法律、自觉运用法律，使广大人民群众认识到宪法不仅是全体公民必须遵循的行为规范，而且是保障公民权利的法律武器。”①

（六）坚持中国特色社会主义法治道路

习近平总书记对道路问题高度重视。首先，他认为，中国特色社会主义法治道路，是建设社会主义法治国家的唯一正确道路。其次，我国法治建设的成就归结起来就是开辟了中国特色社会主义法治

① 习近平：《论坚持全面依法治国》，中央文献出版社2020年版，第14页。

道路。最后，在坚持和拓展中国特色社会主义法治道路这个根本问题上，我们要树立自信、保持定力。其中有许多东西需要深入探索，但基本的东西必须长期坚持。

（七）充分发挥法治在推进国家治理现代化中的基础和保障作用

必须坚持全面依法治国，充分发挥它在国家治理现代化中的基础与保障作用。我们党团结带领人民制定了《中国人民政治协商会议共同纲领》、1954年宪法，确定了国体、政体、国家结构形式，建立了国家政权组织体系。我们要确保国家领导层的依法有序更替，全体人民依法管理国家事务和社会事务、管理经济和文化事业，人民群众畅通表达利益要求，社会各方面有效参与国家政治生活，国家决策实现科学化、民主化，各方面人才通过公平竞争进入国家领导和管理体系，执政党依照宪法法律规定实现对国家事务的领导，权力运用得到有效制约和监督。

二、全面贯彻实施宪法

（一）树立宪法权威

习近平总书记在首都各界纪念现行宪法公布施行30周年大会上

指出：“维护宪法权威，就是维护党和人民共同意志的权威。”[①]他在《关于〈中共中央关于推进依法治国若干重大问题的决定〉的说明》中强调，“必须把宣传和树立宪法权威作为全面推进依法治国的重大事项抓紧抓好”[②]。必须树立宪法权威。“法治权威能不能树立起来，首先要看宪法权威有没有权威。”[③]在党的十八届四中全会召开后，我们已经依法设立了国家宪法日，建立宪法宣誓制度等。

（二）依法治国首先是依宪治国

宪法与国家前途、人民命运息息相关。习近平总书记认为，“依法治国，首先是依宪治国”[④]。宪法规定了国家的基本政治制度、基本原则和治国方略，规定了公民的基本权利，确定了人民主权原则、法治原则、人权保障原则等基本原则。宪法把人民民主和社会主义道路固定下来，它是治国理政的总章程，所以，依法治国首先是依宪治国。

（三）依法执政关键是依宪执政

习近平总书记在首都各界纪念现行宪法公布施行30周年大会上的讲话中指出：“依法执政，关键是依宪执政。”[⑤]依法执政的内涵包括三个层面：党要领导和推进依法治国，即依法执政要体现在党对依

① 习近平：《论坚持全面依法治国》，中央文献出版社2020年版，第9页。
② 习近平：《关于〈中共中央关于全面推进依法治国若干重大问题的决定〉的说明》，《人民日报》2014年10月29日。
③ 习近平：《关于〈中共中央关于全面推进依法治国若干重大问题的决定〉的说明》，《人民日报》2014年10月29日。
④ 习近平：《论坚持全面依法治国》，中央文献出版社2020年版，第15页。
⑤ 习近平：《论坚持全面依法治国》，中央文献出版社2020年版，第15页。

法治国推进的领导上；党要按照宪法法律治国理政，即党自身必须在宪法和法律范围内活动，真正做到党领导立法、保证执法、维护司法、带头守法，依照宪法法律的要求运用领导权力；党要依据党内法规治党管党，即党要完善党内法规，严格依照党内法规治党管党。如同习近平总书记所指出的，要“善于使党的主张通过法定程序成为国家意志，善于使党组织推荐的人选成为国家政权机关的领导人员，善于通过国家政权机关实施党对国家和社会的领导”①。

（四）健全宪法实施制度

在首都各界纪念现行宪法公布施行30周年大会上，习近平总书记指出：“宪法的生命在于实施，宪法的权威也在于实施。”②要“通过完备的法律推动宪法实施，保证宪法确立的制度和原则得到落实”③。习近平总书记在《关于〈中共中央关于全面推进依法治国若干重大问题的决定〉的说明》中强调，要完善全国人大及其常委会宪法监督制度，健全宪法解释程序机制，并加强备案审查制度和能力建设，依法撤销和纠正违宪违法的规范性文件。在党的十九大报告中习近平总书记特别指出，要“加强宪法实施和监督，推进合宪性审查工作，维护宪法权威”④。这些将促进建立与完善符合中国国情的违宪审查制度，宪法的具体内容也会得到进一步的实施。

---

① 习近平：《论坚持全面依法治国》，中央文献出版社 2020 年版，第 15 页。
② 习近平：《论坚持全面依法治国》，中央文献出版社 2020 年版，第 11 页。
③ 习近平：《论坚持全面依法治国》，中央文献出版社 2020 年版，第 13 页。
④ 习近平：《决胜全面建成小康社会　夺取新时代中国特色社会主义伟大胜利——在中国共产党第十九次全国代表大会上的报告》，《人民日报》2017 年 10 月 28 日。

三、完善立法体制

(一)完善法律体系

党的十八大以来，习近平总书记在多个场合阐述了以“良法”促进“善治”的立法工作思路，提出要“完善中国特色社会主义法律体系，健全立法起草、论证、协调、审议机制，提高立法质量，防止地方保护和部门利益法制化”[①]。他指出:“经过长期努力，中国特色社会主义法律体系已经形成，我们国家和社会生活各方面总体上实现了有法可依，这是我们取得的重大成就，也是我们继续前进的新起点。形势在发展，时代在前进，法律体系必须随着时代和实践发展而不断发展。”[②]《中共中央关于全面推进依法治国若干重大问题的决定》指出:“法律是治国之重器、良法是善治之前提。”[③]习近平总书记十分冷静地指出:“新中国成立以来特别是改革开放以来，经过长期努力，我国形成了中国特色社会主义法律体系，国家生活和社会生活各方面总体上实现了有法可依，这是一个了不起的重大成就。同时，我们也要看到，实践发展永无止境，立法工作也永无止境，完善中国特色社会主义法律体系任务依然很重。”[④]这里需要特别提及的是2020年5月十三届全国人大三次会议通过的《中华人民共和国民法典》，它是完善中国特色社会主义法律体系的重大举措。习近平总书记在十九届中

---

① 《十八大以来重要文献选编》(上)，中央文献出版社2014年版，第527页。
② 习近平:《在庆祝全国人民代表大会成立六十周年大会上的讲话》，《求是》2019年第18期。
③ 《中共中央关于全面推进依法治国若干重大问题的决定》，《人民日报》2014年10月29日。
④ 习近平:《关于〈中共中央关于全面推进依法治国若干重大问题的决定〉的说明》，《人民日报》2014年10月29日。

共中央政治局第二十次集体学习时指出,《中华人民共和国民法典》"是一部体现我国社会主义性质、符合人民利益和愿望、顺应时代发展要求的民法典，是一部体现对生命健康、财产安全、交易便利、生活幸福、人格尊严等各方面权利平等保护的民法典，是一部具有鲜明中国特色、实践特色、时代特色的民法典"。

（二）科学立法、民主立法、依法立法

全面推进依法治国对科学立法、民主立法提出了更高要求。只有推进科学立法、民主立法，才能实现公正立法、高质立法。在《关于〈中共中央关于全面推进依法治国若干重大问题的决定〉的说明》中，习近平总书记直指我国民主立法方面存在的主要问题，即"我们在立法领域面临着一些突出问题，比如，立法质量需要进一步提高，有的法律法规全面反映客观规律和人民意愿不够，解决实际问题有效性不足，针对性、可操作性不强；立法效率需要进一步提高"[①]。就加强和改进立法工作，习近平总书记提出："推进科学立法、民主立法，是提高立法质量的根本途径。科学立法的核心在于尊重和体现客观规律，民主立法的核心在于为了人民、依靠人民。要完善科学立法、民主立法机制，创新公众参与立法方式，广泛听取各方面意见和建议。"[②]在党的十九大报告中，习近平总书记指出："推进科学立法、民主立法、依法立法，以良法促进发展、保障善治。"[③]依法立法如同

① 习近平:《关于〈中共中央关于全面推进依法治国若干重大问题的决定〉的说明》,《人民日报》2014 年 10 月 29 日。
② 习近平:《关于〈中共中央关于全面推进依法治国若干重大问题的决定〉的说明》,《人民日报》2014 年 10 月 29 日。
③ 习近平:《决胜全面建成小康社会　夺取新时代中国特色社会主义伟大胜利——在中国共产党第十九次全国代表大会上的报告》,《人民日报》2017 年 10 月 28 日。

科学立法、民主立法一样成为我国立法的重要原则。

（三）健全有立法权的人大主导立法工作的体制机制

人大立法是以人民的名义来行使立法权的。必须理顺人大立法与政府立法之间的关系，充分发挥人大及其常委会的民主立法职能，转变人大及其常委会被动立法、消极立法的工作局面，从体制机制和工作程序上有效防止部门利益和地方保护主义法律化。2014年9月，习近平总书记在纪念全国人民代表大会成立60周年大会上指出，人民代表大会制度是中国特色社会主义制度的重要组成部分，也是支撑中国国家治理体系和治理能力的根本政治制度。当前和今后一个时期，要着重抓好五个重要工作：加强和改进立法工作、加强和改进法律实施工作、加强和改进监督工作、加强同人大代表和人民群众的联系、加强和改进人大工作。

（四）发挥立法对改革的引领和推动作用

在全面推进依法治国的目标要求之下，改革应当在法治轨道内进行。在实践当中，我们坚持改革决策与立法决策相统一，立法进程与改革进程相适应。2014年10月27日，习近平总书记在中央全面深化改革小组第六次会议上指出："实践证明行之有效的，要及时上升为法律。实践条件还不成熟、需要先行先试的，要按照法定程序作出授权。对不适应改革要求的法律法规，要及时修改和废止"[①]。习近平总

① 《习近平主持召开中央全面深化改革领导小组第六次会议强调 学习贯彻党的十八届四中全会精神 运用法治思维和法治方式推进改革》，《人民日报》2014年10月28日。

书记指出："我们要加强重要领域立法，确保国家发展、重大改革于法有据，把发展改革决策同立法决策更好结合起来。要坚持问题导向，提高立法的针对性、及时性、系统性、可操作性，发挥立法引领和推动作用。"①

四、加快建设法治政府

（一）法治政府建设的现实目标

习近平总书记在党的十八届四中全会上明确要求"加快建设法治政府"，再次重申党的十八大确定的法治政府建设目标。推进依法治国，建设社会主义法治国家，关键是推进依法行政，建设法治政府。习近平总书记要求"加快建设职能科学、权责法定、执法严明、公开公正、廉洁高效、守法诚信的法治政府"②。

（二）推进依法履行政府职能

行政机关必须依法全面履行职能，依法全面履行政府职能是建设法治政府的基础和前提。习近平总书记在庆祝全国人民代表大会成立60周年的讲话中指出："各级行政机关必须依法履行职责，坚持法定职责必须为、法无授权不可为，决不允许任何组织或者个人有超越法

① 《中共十八届四中全会在京举行 习近平作重要讲话》，《人民日报》2014年10月24日。
② 习近平：《关于〈中共中央关于全面推进依法治国若干重大问题的决定〉的说明》，《人民日报》2014年10月29日。

律的特权。”[①]他在《关于〈中共中央关于全面推进依法治国若干重大问题的决定〉的说明》中强调要“推行政府权力清单制度”[②]。

（三）健全行政决策机制

习近平总书记在《关于〈中共中央关于全面推进依法治国若干重大问题的决定〉的说明》中指出，要“建立行政机关内部重大决策合法性审查机制”[③]，该决定也强调在保障行政决策科学性方面，要把公众参与、专家论证、风险评估、合法性审查、集体讨论决定作为重大决策的一项必经的重要程序设计。习近平总书记还强调要“积极推行政府法律顾问制度，保证法律顾问在制定重大行政决策、推进依法行政中发挥积极作用；建立重大决策终身责任追究制度及责任倒查机制”[④]。

（四）推进行政执法体制改革

建设法治政府，必须规范执法行为，创新执法体制，推进行政执法体制改革。习近平总书记在《关于〈中共中央关于全面推进依法治国若干重大问题的决定〉的说明》中指出：“推进综合执法，理顺城管执法体制，完善执法程序，建立执法全过程记录制度，严格执行重大

① 习近平：《在庆祝全国人民代表大会成立六十周年大会上的讲话》，《求是》2019年第18期。
② 习近平：《关于〈中共中央关于全面推进依法治国若干重大问题的决定〉的说明》，《人民日报》2014年10月29日。
③ 习近平：《关于〈中共中央关于全面推进依法治国若干重大问题的决定〉的说明》，《人民日报》2014年10月29日。
④ 习近平：《关于〈中共中央关于全面推进依法治国若干重大问题的决定〉的说明》，《人民日报》2014年10月29日。

执法决定法制审核制度，全面落实行政执法责任制。”[①]当前，政府机关要注意改进执法方式，建立完善相应制度，深化行政体制改革，把追求效率与实现公正、执法形式与执法目的有机结合起来，文明执法、公正执法。

五、深化司法体制改革

（一）司法体制改革是政治体制改革的重要组成部分

习近平总书记在2014年中央政法工作会议上的讲话中指出：“司法体制改革是政治体制改革的重要组成部分，对推进国家治理体系和治理能力现代化具有十分重要的意义。”[②]现代司法所承担的功能在解决社会纠纷之外，还有更加扩展的维系社会秩序、实现社会整合、维护国家统一等功能。这些功能本身就是现代化国家治理能力的构成部分。

（二）让人民群众在每一个司法案件中感受到公平正义

习近平总书记在十八届中共中央政治局第四次集体学习时强调指出，我们要努力让人民群众在每一个司法案件中都感受到公平正义，所有司法机关都要紧紧围绕这个目标来改进工作，重点解决影响司法公正和制约司法能力的深层次问题。这为当前推进的司法体制改革提

① 习近平：《关于〈中共中央关于全面推进依法治国若干重大问题的决定〉的说明》，《人民日报》2014年10月29日。

② 《习近平谈治国理政》第1卷，外文出版社2018年版，第150页。

出了应追求的价值目标。在2014年中央政法工作会议上，他进一步指出，政法战线要肩扛公正天平、手持正义之剑，以实际行动维护社会公平正义，让人民群众切实感受到公平正义就在身边。要重点解决好损害群众权益的突出问题，决不允许对群众的报警求助置之不理，决不允许让普通群众打不起官司，决不允许滥用权力侵犯群众合法权益，决不允许执法犯法造成冤假错案。

（三）保证司法机关依法独立公正行使职权

2013年2月习近平总书记在十八届中共中央政治局第四次学习时指出："要确保审判机关、检察机关依法独立公正行使审判权、检察权。这是我们党和国家的一贯主张，党的十八大继续强调了这一点。司法不能受权力干扰，不能受金钱、人情、关系干扰，防范这些干扰要有制度保障。"[①]

（四）强化对司法活动的监督

要实现司法的公正高效权威，提高司法公信力，加强对司法的监督必不可少。对司法的监督，既是对法律实施进行监督的重要环节，更是法治监督体系不可或缺的重要组成部分。关于强化对司法活动的监督，习近平总书记在2014年中央政法工作会议上明确指出：一是要靠制度的保障。要在执法办案各个环节都设置隔离墙、通上高压线，谁违反制度就要给予最严厉的处罚，构成犯罪的要依法追究刑事责任。二是要通过司法公开，让司法权在阳光下运行。要坚持以公开

① 《习近平关于全面依法治国论述摘编》，中央文献出版社2015年版，第69页。

促公正、以透明保廉洁，增强主动公开、主动接受监督的意识，让“暗箱操作”没有空间，让司法腐败无法藏身。

（五）解决影响司法公正和制约司法能力的深层次问题

习近平总书记在十八届中共中央政治局第四次集体学习时指出，司法体制改革就是要着力解决影响司法公正和制约司法能力的深层次问题。其后，他在《关于〈中共中央关于全面推进依法治国若干重大问题的决定〉的说明》中指出，当前，司法领域存在的主要问题是，司法不公、司法公信力不高问题十分突出，一些司法人员作风不正、办案不廉，办金钱案、关系案、人情案，“吃了原告吃被告”，等等。司法不公的深层次原因在于司法体制不完善、司法职权配置和权力运行机制不科学、人权司法保障制度不健全。人权是作为人所应当享有的权利，内容十分丰富。习近平总书记在首都各界纪念现行宪法公布施行30周年大会上的讲话中指出：“只有保证公民在法律面前一律平等，尊重和保障人权，保证人民依法享有广泛的权利和自由，宪法才能深入人心，走入人民群众，宪法实施才能真正成为全体人民的自觉行动。”①

（六）深化司法体制综合配套改革与加快推进政法领域全面深化改革

习近平总书记在党的十九大报告中指出，深化司法体制综合配套改革，全面落实司法责任制，努力让人民群众在每一个司法案件中感

① 习近平：《论坚持全面依法治国》，中央文献出版社2020年版，第14页。

受到公平正义。他所提出的综合配套改革，就是要实现改革措施的点线面体的协调统一，最终建立起公正高效权威的司法体制。2019年1月16日，习近平总书记在中央政法工作会议上指出，要坚持以新时代中国特色社会主义思想为指导，坚持党对政法工作的绝对领导，坚持以人民为中心的发展思想，加快推进社会治理现代化，加快推进政法领域全面深化改革。

六、坚持全民守法与加快法治社会建设

（一）全民守法的基本要求

2013年2月，习近平总书记在十八届中共中央政治局第四次集体学习时指出，全面推进依法治国，必须坚持全民守法。全民守法，就是任何组织或者个人都必须在宪法和法律范围内活动，任何公民、社会组织和国家机关都要以宪法和法律为行为准则，依照宪法和法律行使权利或权力、履行义务或职责。

（二）坚持法制教育与法治实践相结合

习近平总书记指出："要深入开展法制宣传教育，在全社会弘扬社会主义法治精神，传播法律知识，培养法律意识，在全社会形成宪法至上、守法光荣的良好氛围。要坚持法制教育与法治实践相结合，

广泛开展依法治理活动，提高社会管理法治化水平。”①

（三）坚持保障人民权益与维护法律权威相统一

习近平总书记在《加快建设社会主义法治国家》一文中特别强调：“人民权益要靠法律保障，法律权威要靠人民维护。要充分调动人民群众投身依法治国实践的积极性和主动性，使全体人民都成为社会主义法治的忠实崇尚者、自觉遵守者、坚定捍卫者，使尊法、信法、守法、用法、护法成为全体人民的共同追求。”②

（四）全面提高疫情的依法防控、依法治理能力，健全国家公共卫生应急管理体系

在抗击新冠肺炎疫情中，习近平总书记强调：“坚持依法防控，要始终把人民群众生命安全和身体健康放在第一位，从立法、执法、司法、守法各环节发力，切实推进依法防控、科学防控、联防联控。要完善疫情防控相关立法，加强配套制度建设，完善处罚程序，强化公共安全保障，构建系统完备、科学规范、运行有效的疫情防控法律体系。”③

（五）提高领导干部运用法治思维和法治方式的能力

对于领导干部运用法治思维和法治方式问题，习近平总书记强调

① 《习近平关于全面依法治国论述摘编》，中央文献出版社 2015 年版，第 88 页。
② 习近平：《加快建设社会主义法治国家》，《求是》2015 年第 1 期。
③ 习近平：《全面提高依法防控依法治理能力　健全国家公共卫生应急管理体系》，《求是》2020 年第 5 期。

指出，“各级领导干部要提高运用法治思维和法治方式深化改革、推动发展、化解矛盾、维护稳定能力”。“各级领导机关和领导干部要提高运用法治思维和法治方式的能力”[①]。非但如此，习近平总书记还将其与国家治理现代化联系起来思考，他指出，要“善于运用法治思维和法治方式领导政法工作，在推进国家治理体系和治理能力现代化中发挥重要作用”[②]。随着思考的深入，他的论述愈加详细，尤其具有可操作性。领导干部“谋划工作要运用法治思维，处理问题要运用法治方式，说话做事要先考虑一下是不是合法。……领导干部要把对法治的尊崇、对法律的敬畏转化成思维方式和行为方式，做到在法治之下、而不是法治之外、更不是法治之上想问题、作决策、办事情”[③]。

（本讲稿2014年及以后一段时间曾在中央党校有关班次教学中使用，编入本书时作了部分修订）

① 《习近平谈治国理政》第1卷，外文出版社2018年版，第145页。
② 《习近平谈治国理政》第1卷，外文出版社2018年版，第148页。
③ 《习近平总书记系列重要讲话读本（2016年版）》，学习出版社、人民出版社2016年版，第99页。

后 记

本书是作者根据既有讲稿整理而成的讲稿汇编，但又不是简单汇集。它是将既有的、在现在看来仍然具有现实意义的讲稿汇集起来，修订而成的书稿。

本书也是以2020年作者编辑出版的“卓泽渊法治文论”《法政讲堂》卷（由法律出版社出版，另外三卷为《法治期待》《法之言说》《法眼园窥》）作为基础删减、修订的。将其中阐述法治原理的讲稿予以保留，对于其他仍具现实意义的讲稿作了部分修订，再添加少量新课程的讲稿，编辑成为本书。

需要说明的是，理论是发展的，学术是发展的，认知也是发展的。在编辑的过程中，虽然对文稿进行了修订，但难免有不合时宜的文字仍然存在，恳请读者理解与谅解。也有一些资料包括数据是历史性的，作者故意保留，目的是使读者更好地进入讲稿当时的语境。如果勉强修改，反倒觉得不恰当，也就没有进行变更。还需要特别说明的是，有的主题相近的讲稿，会有一定的交叉乃至重复。为了保持各个讲稿自成一体的完整性，在统一编辑时，并未将重复的文字删除。

相信读者通过本书的阅读，可以对法治一般原理有所领悟，对中国法治实践有所思考，对世界法治发展有所了解，更加坚定推进全面依法治国的信心。这也是作者的期待。

卓泽渊

2021年3月